JN124806

神とパンデミック

コロナウイルスと その影響についての考察

N・T・ライト 著

鎌野直人 訳

あめんどう

GOD AND THE PANDEMIC

A Christian Reflection on the
Coronavirus and its Aftermath

by Tom Wright

シモン・バリントン＝ワード (ナイト称号者) を追悼して

知恵に満ち、心優しい聖徒であり、
コベントリー主教 (1985-1997) であった彼は、
COVID-19 により 2020 年 4 月 11 日、聖土曜日に召天した

推薦の言葉

　本書は、Ｎ・Ｔ・ライトによる第一級の著作です。パンデミックの現状に疑問を抱いている人には読みごたえがありますし、自分はすでに答えを知っていると考えている人には再考をうながします。見事な文章であり、かつ聖書にしっかりと基づいています。読後は、しっかり学んだという満足感と、もっと知りたいという思いが生まれるでしょう。私は本書を楽しんで読み、刺激と見識を多く得ました。あなたもぜひ手に取ってみてください。

　　　　　　（英国国教会カンタベリー大主教　ジャスティン・ウェルビー）

もくじ

＊原文にない訳者による注記は〔　　〕内に記した。

＊聖書の引用、固有名詞は、おもに『聖書 新改訳2017』（© 新日本聖書刊行会）によった。
　書名使徒の働きは「　」でくくった。必要に応じて著者による聖書訳 *The New Testament for Everyone* を訳して使用した。

はじめに

　新型コロナウイルス（COVID-19）によるパンデミックが始まったとき、『タイム』誌から短い記事を書くようにとの依頼を受けたことをきっかけにして、この小著は書かれました。連絡と編集を担当したベリンダ・ラスコム氏に感謝するとともに、その後に私に手紙をくださった多くの人に——その中には感謝があり、非難もありました——お礼申しあげます。

　本書で展開している議論は、私のさらなる試論であり、このような危機のときに知恵を働かせ、かつ聖書に則って何が語られるべきかを明らかにしようとするものです。ロックダウンが数週間も続き、私もこの出来事についてほとんどすべての人と同じように、さまざまな感情を抱きました。そのうえで、私たちが抱いたさまざまなものを聖書の持つ枠組みの中で対処し続けることが何よりも重要だと考え、それを本書にまとめました。

　本書は、パンデミックによって提起された問いに対する「解決策」を提供するために書かれたのではありません。また、そこから学んだこと、また今すべきことについての徹底的な分析でもありません。本書は、すぐ人の心に浮かんでくるその場しのぎの反応に抵抗する必要があると主張しています。つまり、今の出来事から生まれる問いへの答え、たとえ概要に過ぎないとしても、その答えを出す前に、私たちには嘆く時、自制をする時、「解決策」にすぐ飛びつかない時が必要なのです。

神のみこころなら、これらの答えはやがて与えられるでしょう。ただし、即座に物事に反応しようとするかぎり、答えを聞くことはできません。しかし、嘆くという祈りに時間を費やすならば、新しい光が与えられます。そしてその光は、自分がとにかく言いたかったことを単純に繰り返したものとは異なるものなのです。

急に始めたこの出版プロジェクトを引き受けてくれたフィリップ・ロー氏とSPCK社の皆さん、そして草稿を読んでコメントを寄せてくれた旧友たちに感謝します。特にミカエル・ロイド氏、ブライアン・ウォルシュ氏、キャリー・ニューマン氏、サイモン・キングストン氏、ピーター・ロジャース氏、ジェームズ・アーネスト氏、そして娘のハティに感謝します。もちろん、私がここで書いていることの責任を彼らが負う必要はありません。

最愛の妻マギーは本書のもとになった『タイム』誌の記事を読み、それを楽しんでくれました。そのような励ましがあったからこそ、書き上げる勇気が与えられたのです。もちろん彼女は、その後の草稿にもしっかりしたよい批評を幾つかしてくれましたが。

トム・ライト

ウィクリフ・ホール（オックスフォード）

2020年4月

1
どこから始めたらよいのか？

パニック (panic)、パンデミック (pandemic)、パンゴリン (pangolin =センザンコウ)、パンデモニウム (pandemonium＝修羅場)。これらの言葉は、ギリシア語の不規則動詞のように聞こえるかもしれません。実際は、不規則なウイルスの登場です。ウイルスならば以前にもありました (SARS やいわゆる「狂牛病」等)。これらについては、しばらく心配しましたが、私たちは乗り越えました。何百万もの人が亡くなるという気の重い予測がありましたが、結局のところ、それは大げさなものでした。ですから今度のウイルスも、きっと同じだろうと思っていたのです。

マルティン・ニーメラー牧師の言葉を私は思い起こしました。彼がどのように言ったのかに諸説ありますが、ポイントは同じです。1930年代のドイツについて、彼は次のように言っています。

まず、ユダヤ人を彼らは攻撃した。でも、私はユダヤ人でなかったので何もしなかった。次に、社会主義者を攻撃した。でも、私は社会主義者でなかったので何もしなかった。そして、カトリック教徒を攻撃した。でも、私はカトリック教徒でなかったので何もしなかった。そして、彼らは私を攻撃した。ところがそのときに、私を助けてくれる人はだれも残っていなかった。

英国人やアメリカ人は、コロナウイルスに対して同様の反応をしたのではないでしょうか。——まず、ウイルスは中国人を攻撃した。でも、私たちは中国人ではなかった。中国は遠い国で、そこではいろいろと奇妙なことが起こっている（たとえば、センザンコウを食べること）。次に、ウイルスはイランを攻撃した。イランも遠い国で、大変変わった場所だから心配などしなかった。するとイタリアが攻撃された。でも考えた。イタリア人は社交的で、よく触れ合う人たちだから、当然、彼らの間で流行するだろう。でも私たちは大丈夫だ。するとウイルスはロンドンに到着した。そしてニューヨークへ。気づいてみると、この地球上に安全な場所などなくなってしまっていた。

　もう中立地帯はありません。医療においては、戦時下のスイスのような場所が存在しなくなりました。しばらく問題から逃避し、リラックスして、「さて、それではこれから何をすべきだろうか」と考える場所はもうありません。

　では、何が起こっているのか、誰か知っているのでしょうか？　なぜ、こんなことが起こっているのでしょうか？　だれかが何かを伝えようとしているのでしょうか？　私たちはこのことに対し何をしたらよいでしょうか？

　古代世界の大部分において、また現代世界でも多くの場所において、大災害（地震や火山の噴火や火事や疫病）は一般的に、神の怒りと結びつけられています。ひどいことが起こった。「何者か」が、あなたに災いをもたらそうとしているに違いない。——これが、ギリシアやローマにおける古代の異教社会で前提になっていたことです。正しく犠牲を献げなかったからでしょうか。それとも、正しい言葉で祈らなかったからでしょうか。それとも、あまりにひどく不快なことをあなたがしたので、オリンポス山に住む、道徳など無関係な年老いた神々でさえ

それを厳しく取り締まらなければと思ったからでしょうか。いろいろな理由が考えられます。

　高尚な哲学者たちは、そのようには考えませんでした。むしろ、三つの選択肢にたどり着きました。

　まずストア派。「すべては、どうなるかプログラムされている。変えることなどできない。何とかうまくやっていくしかない」。

　もしくはエピクロス派。「すべてはランダムである。どうしようもない。できる限りそれになじみなさい」。

　そしてプラトン主義。「現在の生活は、実存の影に過ぎない。この地上ではひどいことが起こる。けれども、私たちはこんな世界と違った世界に行くように運命づけられているのだ」。

　これらに相当するものは現代にもあります。

　「耐え抜こう」と考えている人たちがいます。「自分が銃の標的になってしまったなら仕方がない」と［現代のストア派を指す］。

　現代の西洋人のほとんどは、潜在的なエピクロス派です。「ひどいことは起こる。でも何かしら慰めが欲しい。だから、そんなことには慣れっこになって、自己隔離して、ネットフリックス［Netflix、動画配信サービス］でいろいろ観たらいい。こんなときもいつか過ぎ去るから」。

　プラトンを選ぶ人たちもいます。その中にはキリスト者も幾分か含まれます。「死は決して最悪の事態ではない。いずれにしろどこか他の場所に向かっているのだ。さあ、もっと分別を持とう。でも、教会を閉じないで欲しい。それにゴルフクラブも」。

　そうしているあいだにも、難民キャンプで、高層マンションで、スラム街やスーク［アラブ世界にある市場］で、人々はますます苦しんでいます。全世界から悲しみが黒煙のように昇っています。そして、普通ならば

あえて尋ねないような質問がなされるのです。「なぜこんなことが？」。

　じつのところ、ここ数週間で私が聞いた答えの中で最良のものは、「なぜですか？」という問いへの答えではなく、「何ですか？ 私たちにできることは何ですか？」という問いへの答えです。イギリスにおいて政府は、「国民保険サービス（NHS）を援助するボランティアはいませんか？」と国民に問いかけました。専門家でなくてもできる、緊急性を要する臨時の働きをするためです。すぐに50万人が申し出ました。それらすべてにふさわしい働き場を用意するのが難しいほどでした。引退していた医者や看護師も、最前線に戻って来たのです。その中には、自分自身がウイルスに感染し亡くなった方もいました。

　これらの人々がしたのは、初期のキリスト者たちが疫病の時代に行ったことです。紀元3世紀くらいまで、深刻な病が町や都市に襲いかかると、裕福な者たちは丘陵部に逃げました（町の低地には健康に悪い空気が貯まり、それが健康被害の原因の一つでもあったのです）。しかし当時のキリスト者たちは、あえて町や都市に留まり、人々の看護をしました。ときに病に冒され、死んだ人もいます。それを見て、人々は驚いたのです。「いったい彼らは何をしているんだ」。そのとき、キリスト者たちはこう答えました。「ええ、私たちはイエスというお方に従っているのです。この方は私たちを救うために、自分の命を危険にさらしたのです。だから、私たちも同じようにするのです」と。

　これまでだれも、そんなことをしようとする人はいませんでした。ですから、彼らの伝える福音が広がったのも不思議ではありません。ローマ帝国が彼らを何とか踏み潰そうとしたときも、キリスト者たちは自分の命を危険にさらして人々を看護したのです。

　大変興味深いことに、世界の多くの人が、このことから何となくあることに気づいたのです。歴史家であるトム・ホランド［英国の著作家］

が近著『ドミニオン』（Dominion）で論じているように、現代の私たちが当たり前と考えている社会的な考え方の多くは、キリスト者たちが生み出したものです。古代の異教徒たちに、そのような発想はありませんでした。医療にはお金がかかります。教育にもお金がかかります。そして、「貧しい人たちは、なまけ者か運が悪いので、今、彼らが置かれている状況になるのだ」と多くの人は思い込んでいました。そして、「社会が彼らの面倒を見る必要はない」と考えたのです。

　キリスト者はそうとは思いませんでした。彼らはユダヤ人たちの考え方を介して（もちろんイエスを介してですが）、その生き方のルールを自分たちに取り入れたのです。ユダヤ人たちが大切にしていたテキスト、すなわち彼らの聖なる書が幾度も繰り返し語っている信条は、貧しい人、病人、のけ者や奴隷に対して、特別に心を配る神がおられる、というものでした。

　ユダヤ人の思想家の中には、ストア派やプラトン主義を取り入れる者もいました（ただエピクロス派になびく者はいませんでした。当時と同様に現在でも、エピクロス派はユダヤ教にとってタブーです）。それでもユダヤ人の共同体はおおよそ、家族という概念を拡張した地域共同体としての生活を送っていました。初期のイエスの弟子たちも同様の考えを持つようになりました。しかも彼らは、人数も多様性もますます増加していった信徒たちによる「家族」にまで、その生き方を広げていったのです。

　長い歴史を簡潔にまとめれば、現代の社会は意外と思われるほど、キリスト者の考え方のある部分を採用し、すべての人に医療や教育や社会福祉を提供しています。ただし、自ずとそうなったのだ、宗教的な側面など考慮しなくていいと考える人も多いですが。ハーバード大学の心理学者スティーブン・ピンカー［無神論者。一般向けの書物を多数執筆］

などは、このことを熱心に論じてきました。

　それでは、どこから始めたらいいのでしょうか？

キリスト者に見られる反応

　コロナウイルスによる感染の急速な拡大に直面し、教会に属する人の多くが古代の人々と同様に条件反射的に反応しました。もちろん、幾らか「キリスト教風」ではありますが。いずれにせよ、世界は陰謀論で満ちています。たとえばアメリカの一部の人は、「中国が悪い」と考えていますし、中国人の一部の人は、「すべてアメリカのせいだ」と主張します。そして間違いなく、これら以外にもさまざまな考えが世界中で流布しています。このような陰謀論は、ウイルスそのものより簡単に広がりますし、ときにウイルスと同じくらい危険なものです。お互いを非難し合うことは簡単です。特に、自分以外の誰かのせいで起こったと非難する場合なら、なおさらそうです。

　今日の、影響は強いのですがレベルが低い「文化戦争」という視点からすべてを推し量ろうとする人々は、自分たちが陥っている見当違いな対立構造を反映した単純な答えに行き着くでしょう。新型コロナウイルス（COVID-19）による危機が明らかにしたのは（2005年の米国のハリケーン・カトリーナが明らかにしたニュー・オーリーンズの実態のように）、全世界の実態でした。つまり、この危機がもたらす壊滅的な衝撃によって、政治と社会を構築してきたものはすでに腐りきっていた、という現実が明らかになったのです。

　具体的には幾つかの「キリスト教的」（キリスト教的であろうとしているのが見てとれるのですが）陰謀論が存在します。何が間違っているのか、そしてこれらの出来事を通して神が何を語ろうとしているか、自分た

ちは正確に知っていると考える人がいます。

　これは終末のしるしだ、と熱心に語る人がいます。ここ数世代、「終わりの時」について語る人がアメリカで増大しています。そして、アメリカ以外のほとんどの国でも、終末論のアメリカ版スピンオフに人気があります。そのアメリカ版には、ハル・リンゼイの有名な『地球最後の日』や、ティム・ラヘイとジェリー・ジェンキンズによる「レフトビハインド」シリーズなどがあります。彼らは、聖書から断片を拾い集め、一連の根本主義者的な敬虔という糸で結び合わせたホラー映画のようなシナリオを構築しました。基本的には、彼らはプラトン主義者です。つまり、世界にハルマゲドンが起こったなら、そこから逃れて「天国に行く」ことを目指しているのです。そしてコロナウイルスは、そのような終末が間もなく起こるというしるしだ、と考えるのです。

　「今がチャンスだ！」と語るキリスト者たちもいます。「今は誰もが、どのカップケーキを買おうかと考えるより、死について考えている。おそらく多くの人が神に立ち返るに違いない。このチャンスを用いれば、友人たちにイエスのことを伝え、イエスがどのようにして天国へと導いてくれるのか伝えることができるはずだ。きっと、今なら聞いてくれる」と。

　旧約聖書の預言者たちのことばを引用し、古代の異教徒が編み出した理論に似たものを作り出す人もいます。「悪いことが起こる原因は、神だ。あらゆることは神の責任下にあるのだから。つまり、神は何らかの理由で私たちに対して憤っているに違いない。預言者アモスが思い浮かぶ。『町にわざわいが起こったら、主がそれをなされたのではないか』（アモス3・6）と彼は尋ねているではないか。飢饉、害虫、疫病。これらはみな、自分たちの悪い道を神の民が悔い改めるよう導くため

のものだ（4・6-11）。しかし、それでも悔い改めなかった。だから、間もなくもっと悪いことが起こる。他の預言者の多くも、このことに同意している」と。

このようにして今日のある人々は、このことを機会に自分たちがこれまで嫌悪してきたことを中傷するために、この時流に乗るのです。自分たちが認めていないライフスタイルで生きている「あいつら」のせいで、このことが起こったのだと語るのです。

まず、旧約聖書から探求を始めていきましょう。そこに明白な手がかりとなるテキストがあるからです。もちろん旧約聖書は、聖書解釈に関わる大きな問題を提起します。つまり、驚くべき、ぞっとするような内容を語った紀元前8世紀の預言者アモスのことばは、コロナウイルスで混乱し、おびえている21世紀の世界と関係があるのか、という問いです。それは、私たちに直接語っていると言えるのでしょうか？それとも、そのことばと私たちの間に、少なくとも何らかの共通性があると考えてよいのでしょうか？

2
旧約聖書から読みとる

　預言者アモスは、神が何かしようとするときは、その秘密を「その
しもべである預言者たち」（アモス 3·7）に示す、と語っています。今回
のパンデミックのことで、これまで数多くの自称預言者が登場し、神
の秘密が何であるのかを語りました。

　語った人の中には、因果応報で物事を考える実利主義者（政府が世界
的パンデミックに適切に備えていなかった）、現実を極めて突き放して見
る道徳論者（世界は性的罪を悔い改める必要がある）、そしてもっともで
すが、他のことに関心を向ける人（このことは生態系の危機を思い知らせ
るためだ）がいます。コロナウイルスによって人々は、メガフォン（拡
声器）を手に入れた、と感じることがあります。彼らはそのメガフォン
を用いて、これまで以上に大声で好きなだけ話をしているのです。

　とはいえ、学ぶべき重要な、そして誰の目にも明らかな教訓はあり
ます。この章を書き直していたとき、突然、ニューヨークのイースト
ハーレム［プエリルトリコ系住民が多く住む地域］にある病院でボランティアを
している医学生からメールが届きました。彼はそこで、さまざまな理
由で健康保険に入れないうえに、さまざまな慢性疾患で体調を崩して
いる人々の間にCOVID-19が蔓延していることを見て愕然（がくぜん）としました。

　実際に何が起こっているかの現実的で、地に足がついた分析はあ
ります。彼らの分析には道徳論的な飛躍などはありません（たとえば、
「なぜ悪いことが起こっているかって？　そりゃ、人工中絶、ゲイの権利や
何やかやのせいだ」ということを言っている人々の論説と対照的です）。こ

こで道徳論的な飛躍をするのは、適切ではありません。むしろこれらの背後に間違いなく、より深刻な地政学的問題があります。「なぜ中国は WHO（世界保健機構）からの報告を黙殺しようとしたのか？　なぜあれほど早くからイランで流行したのだろうか？　英国はブレクジット［Brexit、EU からの離脱］ばかりに注目していたため、公衆衛生政策に悪影響を及ぼしたのではないか？」というようなものです。行動は結果を生みます。行動しないことにも、それに見合った結果を生むのです。

　ヘブライ語聖書［旧約聖書］における最大の災禍は、バビロン捕囚です［紀元前597年や587年頃にユダ王国の民のうち、指導的な立場にいた人々の大半がバビロン帝国に強制移住させられた出来事］。旧約聖書の偉大な預言者たちは、大規模なかたちでイスラエルの罪が罰せられたという観点からこの出来事を解釈しました。このことは、申命記における契約に基づく約束と警告、すなわち祝福とのろいにさかのぼります。エレミヤ書やエゼキエル書は、このことをじつに明確に語っています。イスラエルは、申命記が「してはならない」と命じたこと（特に、異教徒の偶像を崇拝すること、そしてそれと切り離せないさまざまな行動）を行ったのです。神は、「そのようなことをしたら、わたしは必ずこうする」と警告していました。そして、その警告どおりに神は呪いを下したのです。

　これまで書かれた詩の中でも、最も心を揺さぶられる長編詩の一つである哀歌には、人がまったくいなくなってしまった都が描かれています。私のいるここオックスフォードの現状を見るたびに、哀歌のイメージが私をとらえて離しません。オックスフォードの町並みは、いつもなら学生や観光客でごった返しているものです。今そこを自転車で走ると、人っ子一人いません。かつて預言者は、無辜（むこ）の子どもたちのために泣きました。子どもたちが食べ物を泣いて求めても、何も見つけることができないのです。

乳飲み子の舌は渇いて　上あごにへばり付き、

幼子たちがパンを求めても、割いてやる者もいない。

(哀歌 4・4、2・11 参照)

　信仰に関するいにしえの伝統を人々は受け継いできており、その記憶が問題を悪化させるのです。

主よ。あなたはとこしえに御座に着かれ、

あなたの王座は代々に続きます。

なぜ、いつまでも私たちをお忘れになるのですか。

私たちを長い間、捨てておかれるのですか。

主よ、あなたのみもとに帰らせてください。

そうすれば、私たちは帰ります。

昔のように、私たちの日々を新しくしてください。

あなたが本当に、私たちを退け、

極みまで私たちを怒っておられるのでなければ。(哀歌 5・19-22)

　他の箇所にある回復を求める素晴らしい祈りには、「私たちは、罪を犯したので、捕囚の中にあります。ですから、今あなたに立ち返り、赦しを乞います」[歴代二 6・36-39 参照] とはっきりと書かれています。このことでは、ダニエル書 9 章がいちばん分かりやすいでしょう。

あわれみと赦しは、私たちの神、主にあります。私たちは神に逆らったからです。私たちは、私たちの神、主の御声に聞き従わず、しもべである預言者たちによって神が私たちに下さったみおしえにも、従って歩むことをしませんでした。

(ダニエル書 9・9-10 [一部変更]、9 章全体が重要)

そして、大きなスケールで神がこのように民を取り扱うとしたら、そして少なくともバビロン捕囚ではこのように取り扱われたのですから、より小さい、個人的な問題に対しても同じように扱われるに違いないと思うでしょう。列王記第一には、次のような傷ましい出来事が記されています。一人息子を失ったやもめは、それが自分の罪のせいだと考えました。預言者エリヤを自分の家に泊めたことで、彼女への罰として息子を死なせてしまったと思ったのです（列王一 17・18）。エリヤは、その子をよみがえらせて、そのような考えが間違っていることを示しました。

　しかしながら、悪い行動と不幸が直接的な因果関係で結ばれるという考え方は、決して廃れることがありません。詩篇 1 篇では、正しい人は繁栄し、悪い人はひどい終わりを迎えると述べています。同じテーマを広範囲に熟考している詩篇 38 篇には、印象的な一言が記されています。

　　若かったころも年老いた今も　私は見たことがない。
　　正しい人が見捨てられることを。
　　その子孫が食べ物を乞うことを。（詩篇 37・25）

　ここで、ハッとしないでしょうか。なぜなら、正しい人が見捨てられているのを、街角で、ニュースの画面で、私たちの心の中で私たちは見ているからです。たぶん詩篇の記者を善意に解釈したほうがいいかもしれません。つまり、これは平時のことを語っているのでしょう。「公明正大に振る舞えば、物事は何とかなる。いい加減なことをやっているから困難がやってくるのだ」と考えるのです。ただし、私たちは今、平時を生きていません（おそらく、平時はこれまでなかったかもしれませ

ん）。それでは、何と言うべきでしょうか。ここに、混雑した難民キャンプでコロナウイルス感染のために死にかけている人がいるとしましょう。こう説明してみてください。「あなたがそうなったのは罪のせいです」。言い換えれば、被害者を責めることです。これは、よくやってしまうパターンです。

　私たちの精神衛生にとって（そして聖書霊感についての私たちの理解にとって）幸いにも、もっとバランスよく状況を描いている箇所があります。詩篇 73 篇を読んでみてください。記者は「平時」がどうであるか知っています。善い人には良いことが起こり、悪い人には悪いことが起こります。しかし、必ずしも物事はそういきません。悪い人が繁栄し、正しい人が彼らに踏みつけられます。詩篇記者は神の神殿に足を踏み入れてはじめて、より大きな、心の癒やされる視点をかいま見ることができるのです〔詩篇 73・17 以降〕。

　詩篇 44 篇はどうでしょうか。この詩は、善は幸運をもたらし、悪は不幸をもたらす、という視点を明確に否定しています。詩篇記者は、かつて神がご自身の民を見守ってくださったことを知っています。しかしここで告げられているように、今は本当に恐ろしいことが起こっています。詩人と民は、主を忘れていなかったのにもかかわらず、です。

　　これらすべてが私たちを襲いました。
　　しかし　私たちはあなたを忘れず
　　あなたの契約を無にしませんでした。
　　私たちの心はたじろがず
　　私たちの歩みはあなたの道からそれませんでした。
　　……もし　私たちが自分たちの神の御名を忘れ
　　ほかの神に向かって手を伸べ広げたなら

神はそれを探り出されないでしょうか。

神こそ　心の秘密を知っておられるからです。

あなたのために　私たちは休みなく殺され

屠（ほふ）られる羊と見なされています。（詩篇 44・17-22）

　パウロはこの箇所を、ローマ人への手紙8章で引用しています。今私たちが取り扱っている奥義全体を理解するうえで最も大切なこの箇所については、後でまた論じます。

　他の詩篇には、同じ問題を取り扱いつつも、困惑し、肩をすくめたままでいるものもあります。89篇はその一例です。神は素晴らしい約束をしてくださった。しばらくはその日の光を味わっていた。しかし、今や空は暗くなり、すべてがおかしくなり、まったく希望が見えなくなっている。そこで詩は終わってしまうのです。胸のすくような正直さではありませんか。

　88篇を見てください。最も暗い詩です。かつて私は妻とともに、聖地巡礼の旅を案内しました。おそらくイエスが十字架につけられる前の夜を過ごしただろうと考古学者たちが考えている場所に行きました。紀元1世紀の大祭司官邸の地下深くにある牢屋です。ガイドは、しばらく時間をとって、詩篇88篇を読むようにと私たちに勧めました。じつに適切な、心を揺さぶるものでした。

　私のたましいは　苦しみに満ち

　私のいのちは　よみに触れています（から）。

　私は穴に下る者たちとともに数えられ

　力の失せた者のようになっています。

　私は　死人たちの間に放り出され

　墓に横たわる　刺し殺された者たちのようです。

　あなたはもはや彼らを覚えてはおられません。

　彼らは　あなたの御手から断ち切られています。

　……主よ　なぜ　あなたは私のたましいを退け

　私に御顔を隠されるのですか。

　私は苦しんでいます。

　若いころから死に瀕してきました。

　あなたの恐ろしさに耐えかねて

　私の心はくずおれそうです。

　……あなたは私から愛する者や友を遠ざけられました。

　私は暗闇を親しい友としています。(詩篇88・3-5、14-15、18)

　これらの箇所は、これから登ろうとする山の手前の丘に過ぎません
が、すでに陰鬱で、恐ろしげな情景を描いています。しかし、その行
く先にもっと暗い山がそびえているのを感じます。それは、ヨブ記と
呼ばれています。コロナウイルスを通して、神は人々(あなたも含めて)
に悔い改めよと呼びかけていると言う人に会ったら、その人にヨブ記
を読むように伝えてください。ヨブ記が言わんとしていることは、「悔
い改めよ」ではありません。

　ヨブを「慰めに来た人々」は、すべては罪のせいだと彼に告げました。
誰も知らない不正行為をしたから神は罰していると、彼らははっきり
主張しました。一方、ヨブは、そうだとしたら神は不公平な方だと主
張しました。

　読者は、最初から秘密を知っているので、両者とも間違っていること、
さらには、「慰めに来た人々」のほうがずっと間違っていることに気づ

いています。彼らが思っているのと異なる闘いが、そこで起こっています。敬虔とはこういうものだと、何も考えずに思っている私たちに、ヨブ記は揺さぶりをかけてきます。私たちの思い描く哲学（そこに「キリスト教」哲学さえ含まれます）より、この天と地にはもっと多くの痛みと戸惑いが満ちていることを思い起こさせます。

ヨブ記に、本当の意味での「解決」はありません。満足のいくような解決を与えてはくれません。ちょっとした「ハッピーエンド」はあります。失われた人たちの代わりに、ヨブは前より多くの息子と娘を得ます。しかし、それですべてが解決するでしょうか？ 神は、ご自分の偉大な力をヨブに啓示しました。そしてヨブは、自分はそれに太刀打ちできないと気づきました。しかし、それですべてが解決するでしょうか？ ことによると、読者はストア主義者になりかねません。「すべては定まっている。何をしてもだめだ。受け入れろ」と。

ヨブ記の重要なところは、まさしく未解決のままである点ではないでしょうか。「イエスのストーリーは、ヨブに何らかの解決を提供している」という説教がこれまで幾つも語られてきました。そう説明する本も多く書かれてきました。たぶん、そうかもしれません。ヨブは、仲保者となってくれる存在を切望していました。彼と神の間に立ってくれる存在です。そうなれば訴えが聞かれるからです。そうなれば神と自分の双方の言い分が法廷に出されるからです。自分たちの間に仲保者がいないとヨブは不平を語ります。「私たち二人の上に手を置く仲裁者が、私たちの間にはいません」（9・33）と。「人は死ぬと、また生きるでしょうか」と問うています（14・14）。究極的な正義を切望しています。地上での生活がもたらすものをはるかに越え、あらゆる物事が正されることを願っています（21章、23～24章）。

これらのヨブの訴えのすべては、ヨブの神と同じ神であるイスラエ

ルの神がイエスを通して行ったこと、これから行うことと結びつけて
新約聖書において語られています。イエスは、神と人の間に立ってい
ます。死から新しくされたいのちへの道を示しています。最後には、
イエスがあらゆるものを是正し、それを成し遂げるのです。

　しかし、このような解決は決して簡単なことではありません。旧約
聖書は少なくとも二つの異なったレベルで機能していることをヨブ記
はいつも思い起こさせてくれます。

　まず、イスラエルのストーリー、もしくは神とイスラエルのストー
リーのレベルです。それは契約に則ったストーリーです。創造者である神
が、人類を救い、被造物を回復する働きのパートナーとするため、い
かに一つの民を招いたかについて物語っています。そしてこの民が、
全人類が感染し、すべてのいのちを奪い続けている「偶像崇拝と不正」
という原型ウイルスによる病の「保菌者（キャリアー）」であるがために、捕囚の暗
闇のうちをいかにして通らねばならなかったかを物語っています。そ
して、新しいいのちがその向こう側に生まれ出てくるのです。

　イエスの弟子たちの視点に立ってこのストーリー全体を振りかえって
みると、そこに独特の力学が働いていることが分かります。イエスの
時代のユダヤ人たちの多くは、申命記27~32章に描かれている「契約」
という視点から、神とイスラエルの大きなストーリーを極めて敏感に意
識していました。申命記のこの箇所には、従順には祝福が約束され、
不従順には呪い、それも究極には捕囚がもたらされるとあります。そ
の後に、イスラエルがついに悔い改め、神に立ち返り、回復するのです。

　申命記のこのストーリーは、ダニエル書9章の素晴らしい祈りでも
取り上げられています。さらに、イザヤ書40~55章として知られる並
外れて素晴らしい詩においても、同じストーリーが語られています。神

の癒やし、救出、回復、しばらくのさばきのみならず絶望の期間の後、ついに新しい創造が到来するストーリーです。紀元1世紀のユダヤ人の視点から見ると、聖書のこれらの伝承はみなつながっています。イエスとその最初の弟子たちは、このストーリーの全体を自由に用いて、今起こっていることを説明しました。

このイスラエルと神のストーリーに並んで、もう一つ深いレベルのストーリーが存在します。良き被造物と、神の手による善き創造を初めから破壊しようとした暗闇の力についてのストーリーです。この暗黒の力を私は理解していると言いたいわけではありません。後に述べますが、理解する必要などないと考えています。しかし、私たちはただ、次のことを知っていればいいのです。恐れおののくような状況、あからさまに重大な不正、またすさまじい疫病に捕らえられたとき、あるいは自分は潔白であるのに邪悪なことをしたと責められたとき、明らかな理由なしに奇妙な病気に冒され、ましてや治る見込みもないときであっても、私たちにはできることがある、と。それは、嘆くことであり、不満を言い表すことであり、状況を述べてそれを神の手に委ねることです。ヨブ記の最後で、神自身が「（ヨブは）わたしについて確かなことを語った」と宣言しています（42·8）。ヨブは、自分の置かれている惨めな状況がそのことを否定しているかに思えたときも、神は正しい方であるという事実にしがみついていました。

イエスは、ヨブのストーリーを用いただけではありません。そのストーリーを生きました。そのストーリーのもとで死にました。

こうして、私たちはイエス自身のストーリーにたどり着くのです。

3
イエスと福音書が教えていること

　「今」は新約聖書において大切なことばの一つです。かつてはそうであったが、「今」はこうです、と語っているのです。「しかし、今や」とパウロは語り、人が置かれた深刻な状況の分析から、神の解決がどのようなものであるかの説明を始めます（ローマ3・21）。新しい何かが起こっているのです。

　イエスは「時が満ちた」と語りました。このことばを聞いた人たちは、イスラエルの聖書が語る錯綜したストーリーの中に自分たちは生きている、と意識していましたから、「ずっと待っていた何かが、今、やって来た」ことを、何はともあれ察知したのです。仮にそうでなかったとしても、少なくともイエスは、「今、やって来た」と考えました。そして、自分に先んじた預言者たちから引用し、人々に「悔い改めなさい」と告げたのです。当然です。それこそ、預言者のすべきことではないでしょうか。

　悔い改めを告げるのは正しい時もあり、そうでない時もありました。イエスはすでに起こった災害を示して、「悔い改めないとあなた方も同じようになる」と警告することも可能でした（ルカ13・1-9）。けれども、ルカの福音書のこの箇所でイエスは、大変限定された出来事について語っています。かつてローマ総督が軍隊を送り、神殿にいる巡礼者たちを殺し、さらに、近くにある塔が崩壊し、18人が圧死しました。これらの人々は、エルサレムに住んでいる他の者たちよりもひどい罪人

なのでしょうか？　イエスは言いました。「そんなことはない。あなたがたも悔い改めないなら、みな同じように滅びます」。

　これは、ある特別なとき、すなわち古代イスラエルの歴史における決定的瞬間を指していました。間もなく到来することになるエルサレム陥落についての警告だったのです。民が自分の歩む道を決定的に変えないかぎり、ローマの剣が振り下ろされ、石造物は倒れ、ほとんどの人は死んでしまうでしょう。イエスは「時のしるし」を読むことができました。同時代のほとんどの人が読めなかったとしてもです（ルカ 12・49-59参照）。それは、じつに預言者的でした。それから 40 年後、イエスの正しかったことが証明されました。

　しかし、イエスはさらに一歩踏み込んだのです。民が「天からのしるし」を求めたとき、イエスはそれを不信仰のしるしだと考えました。民は分かりやすいものを求めていました。ところが、自分の与えるしるしは、預言者のもう一つのしるししかない、とイエスは言ったのです。それはヨナのしるしです（マタイ 12・39）。ヨナはくじらの腹の中に消え、三日後に生きて帰ってきました。これこそが、今、何が起こっているかをこの世代に語りかけるしるしである、とイエスは告げたのです。

　イエスはこれ以外にも別のしるしを示しましたが、否定的なものではありませんでした。アモスが言及した預言者の「しるし」[アモス 3・3-8参照] のようなものでもなければ、エジプトの独善的なファラオを揺さぶり、ついにはイスラエルの民を解放させたモーセとアロンの「しるし」のようなものでもありませんでした。モーセとアロンが行った「しるし」は、奇妙な方法を用いての警告でした。蛙やいなご、血に変わる川の災厄などです。

　ヨハネの福音書には、イエスの「しるし」がよく整理して集められていますが、これらはみな新しい創造に関するものです（ぶどう酒に変

わる水、癒やしのわざ、空腹な者たちへの食事、盲人の視力の回復、死者を
生き返らせること）。ヨハネ以外の福音書も、幾つかのしるしを付け加
えています。そこには、どう考えても場違いな人々と宴会を楽しむこ
とも含まれています。そして、これらのしるしは将来与えられる完全
な赦しを指し示しています。イエスのこれらのしるしはみな、やがて
来たるべきことを先見したもので、新しいことを神が始められる、と
宣言していたのです。そして、神は「今」、新しいことを行っているの
です。

　ですから、イエスは分水嶺に立ち続けていたと考えられます。ときに、
旧約聖書の預言者のように語り、行動しました。そして人々はそれを
見て、エレミヤやエリヤを思い起こす、と言いました。それは、一般
的な「柔和で優しいイエス」というイメージとまったく違います。他方、
別の出来事では、男の病を癒やした後、イエスは、「もう罪を犯しては
なりません。そうでないと、もっと悪いことがあなたに起こるかもし
れない」(ヨハネ5·14) と警告しました。さらに別のときには、さばきを
もたらすかもしれない罪についてさかのぼって目を向けたのではなく、
むしろ今まさに起こっている新しいこと、すなわち神の王国に目を向
けていたと考えられます。

　ヨハネの福音書9章に、このイエスの姿がしっかり描かれています。
イエスと弟子たちは、生まれたときから盲人であった男に偶然に出会
いました。そこで弟子たちは、だれもが抱くだろう問いをイエスに投
げかけました。今日、多くの人が持つ、コロナウイルスに関する問い
とそれほど違わない問いでした。

　　先生。この人が盲目で生まれたのは、だれが罪を犯したからですか。
　この人ですか。両親ですか。(ヨハネ9·2)

イエスの答えは、自動販売機のようなお気楽な神学、つまり何かを投げ入れたら決まった答えが出るような神学（つまり、罪を一つ犯したら、罰が一つ下されるという神学）を打ち砕きました。

イエスは答えられた。「この人が罪を犯したのでもなく、両親でもありません。この人に神のわざが現れるためです」（ヨハネ9・3）

その場の見物人たちは、道徳がこの世界の中でどのような仕組みで人々に報いを与えるかを理解している、と思い上がっていました。すなわち、誰かが罪を犯したなら、神は必ず罰を与えることを自分たちは知っていると考えていたのです。しかしイエスは、仮説的な原因をふり返ることはしませんでした。むしろ、神がそのことに対して何をなさろうとするかと将来に期待しました。言い換えるなら、この問題について自分は何をするかをイエスは考えたのです。イエスは世の光であるからです。

そこで、イエスはその男を癒やしました。今がその時なのです。以前に犯した罪をあれこれ思案する時ではありません。

イエス自身が究極的な「しるし」である

ここまで、福音書が大転換期に立つ存在としてイエスをいかに提示しているかを見てきました。彼は古代の預言者の伝統全体をまとめあげ、エルサレムとその住人たちに向かって最後の警告のかたちでそれを表現し直したのです。「今、立ち返りなさい。ローマ帝国に対する国を挙げての抵抗運動にしゃにむに飛び込むのではなく、神の備える平和の道をたどりなさい。さもなければ、大惨事が待っている」とイエ

スは言うのです。

このことが最もはっきりと書かれているのは、ルカの福音書19章でしょう。イエスはロバに乗ってエルサレムに入城しました。涙を流し、町にやがて訪れる破壊を嘆きつつ入って行きました。人々が平和への道を拒絶したからです。

それと同時に、イエスは新しい世界を指し示しています。その世界では、イエスこそが唯一のまことのしるしです。ヨナの象徴的な「死と復活」のように、悔い改めを全世界に対して呼びかけるしるしです。イエスが戦争、飢饉、地震などについて語ったのは、「これらのことが起こったら、自分や自分が置かれている社会が何を悔い改めるべきか注意深く考えねばならない」と言いたいからではありません。「……うろたえないようにしなさい。……まだ終わりではありません」(マタイ24·6) と語るためです。

この点に注意を払ってさえいたなら、「終わりのとき」についての人騒がせな教えは (ハル・リンゼイやラヘイとジェンキンズのようなものや最新流行の教えであろうと)、ずっと少なかったことでしょう。陰謀論は、紀元1世紀にも現在と同じように多く語られていました。イエスはそれらを脇に押しやって、「冷静になって、私を信じなさい」と語ったのです。

特に注目しておきたいのは、イエスが自分の弟子たちに祈りを授けた点です (この祈りがほとんど注目されないので、私はただ驚くばかりです)。この祈りは、あらゆるキリスト教において、何らかのかたちで今日まで用いられていますし、福音の「今」という預言的な重要なポイントにしっかりと根ざしています。イエスに従う者たちは、「主の祈り」によって、世界大の突然の危機が起こったときのみならず、日々、「御国が来ますように、天にあるごとく地にも」と祈るのです。さらに、毎日、

「我らの罪をも赦したまえ」と祈ります。惨事が起こってから初めてそう祈るのではありません。

　王国（御国）の民であり、懺悔の民である者には、好き嫌いに関わらずこの二つの祈りがついて回ります。イエスに従うとは、そういうことなのです。御国を求める祈りと赦しを求める祈りという二つの祈りを祈ることで、私たちは警告を受けます。つまり、神の王国に抵抗するこの世界の現実の力についての警告を受けとり、そして、現実にある「罪」（政治システムにおける互いに対する罪、農業や食物連鎖システムにおける自然界、特に動物界に対する罪）、しかもはるか以前に悔い改めるべきだった罪についての警告を受けとるのです。

　別の言い方をしましょう。もしもイエスの弟子たちが、天にあるように地にもイエスの王国を探すようにうながす特別な出来事を待っていたとしたらどうでしょう。あるいは、うっかり犯した罪に流されるままでいるときに、悔い改めるよう告げる特別な出来事を待っていたらどうでしょう。そうだとしたら、彼らはなすべき仕事中に居眠りをしていることになります。もちろん、キリスト者は仕事中に居眠りをしないとか、神は、進むべき道に戻らせようと、ときにキリスト者に蹴りを入れるような方ではない、と言っているのではありません。このような問題も、主の祈りにおいて取り扱われています。「私たちを試みのときへと導かず、悪より救ってください」と祈るのです［通常「試みに合わせず」と訳される箇所を、ライトはあえてこのように訳している］。イエスに従うことを学ぶとは、ある意味、「主の祈り」を祈ることを学ぶことだとまとめることができます。

　主の祈りを祈ることを学ぶならば、幾つかの誤った「説明」から逃れることができるでしょう。つまり、王国は突然のしるしとともにやって来ると思ったり（そんなことはない、とイエスが語ったにもかかわらず）、

イエスの時代の後に起こる新しい出来事こそが、全世界に悔い改めを求める招きである（イエスは、自らの死と復活こそが、最終的な勧告であると見なしたにもかかわらず）と考えたりすることです。そして、ヘブル人への手紙が語っているように、イエスが最後の、そして最大の預言者であるとするなら、そこで宣言されている次の真理を見いだします。すなわち、神は昔、預言者たちによって語られましたが、この終わりの時に、神は「御子によって語られた」（ヘブル 1・1-2）ということです。

　この真理は、極めて重要な回答を与えてくれます。それは、私たち自身の時代に起こっている大変不穏な出来事に、聖書をどう当てはめるかということに関する数々の憶測や議論の背後にある問いかけへの回答です。新約聖書は、イエスを全体像の中心に置いて、そこから外へ向かって取り組むように、と主張しています。その一方で、自分たちの周りの世界を見て、神についての、そして神がなしていることについての結論に、イエスを注意深く見つめることなしに素早く飛びつこうとすると、たちまち深刻で危険な状態に陥ります。つまり、大変「霊的」で、神への畏れを呼び起こしそうな、じつに魅力的な「解釈」、しかし実際には、イエスをその全体像から遮断する「解釈」を強要する危険を冒してしまうのです。昔のことわざのとおり、イエスがすべての主でないのなら、イエスはまったく主でなくなってしまうのです。

　では、イエスへの信頼はどのように実践に現れてくるでしょうか。

　何よりイエスは、ただお一人しかおられません。ガリラヤに来て、今と言われたナザレのイエスです。今こそ、神が王となられる時です。今こそ、悔い改めて、福音を信じる時です。随所でイエスが再定義したのは、神が王となられるといういにしえの約束、そしてすべてを正すために神が戻って来られるという、福音についてのいにしえの約束でした。イエスは、ご自身のビジョンに沿ってすべてを再定義しました。

これこそ、イエスが「たとえ話」を語られた理由です。それは神の王国にしかりと言い、彼の同時代のほとんどの人が考える「王国」や「主権」や神の「統制」に対して否と言う、鮮やかなストーリーです。

これは、紀元1世紀の問題だけではありません。もちろん、その時代の問題であったにもかかわらずです。私たちの考察において、神の王国の再定義という視点は決定的に重要です。「コロナウイルスによる感染拡大の中で、神は何をしているのか」という話が出るとき、その多くは、神が「主権者である」と仮定しています。そしてそれは同時に、「主権」とはどういう意味であるかを仮定しています。しかし、イエスが明らかにしたのは、ここで仮定されているものとは異なった意味での神の主権でした。すなわち、ツァラアトに冒された人を癒やしたとき、また懺悔する女性にご自身の権威で赦しを宣言したとき、神の統治とはこういうことなのだ、とイエスは語ったのです。道を間違えたあらゆる類いの人々とともに祝宴にあずかることで、神の統治とはこういうことなのだ、と語ったのです。最後のエルサレム詣でにおいて、神の平和の道を拒絶した都、政治システム、そして神殿という組織に対して神の最終的なさばきを厳粛に告げたことで、神の統治とはこういうことなのだ、と語ったのです。その最後の夜に友人たちとパンを裂いたことで、神の統治とはこういうことなのだ、と語ったのです。頭上に掲示された「ユダヤ人の王」ということばとともに十字架につけられたことで、神の統治とはこういうことなのだ、と語ったのです。

そして、三日の後にイエスは死から復活し、二階座敷に現れ、驚く友人たちに向かって、神の統治とはこういうことなのだ、と語っているのです。

イエスの行ったメシアとしてのあらゆる出来事こそが、究極的な懺悔への招きです。これらは、神の王国の到来を究極的に宣言している

からです。しかし、これらをそう理解しようとしないなら、他の何か
を過度に強調し、解釈してしまうことになります。欠けているものを
必ず補ってしまいます。イエスのかたちをした空白地帯が生まれるこ
とによって、イエスが人々に警告したように、「見よ、ここだ」「あそこだ」
と言って（ルカ17・21）、その空白を埋めてしまうのです。

　つまり、イエスの最初の弟子たちにとっては、イエスの死と復活こ
そが、今、唯一であって、かつ究極的な「しるし」でした。アモスの
ような預言者はその先駆者です。今や神は、御子を通して最終的に語
られたのです。神が密かに隠した暗号を新聞のページから読み取ろう
とするのは、確かに賢そうに思えるかもしれません。「ああ、あの人に
は霊的な洞察力がある」とほめられるかもしれません。しかし、理解
するための本当の手がかりを、今どこで見つけることができるかを忘
れてしまっているので、私たちはそのようなことをしてしまうのです。

　同様に、世界で起こっている出来事から、いつ「再臨」が起こるか
分かると思っている人がいるとしたら、その人は、「自分はイエス以上
に物事をよく知っている」と言っているも同然です（マルコ13・32）。偶
像と不正とあらゆる悪から立ち返る理由は、イエスご自身以外にあり
ません。世界の苦難と惨事のすべてが積み上げられ、取り扱われてい
る場所は、十字架以外にはありません。そして、復活においてこそ、
神は新しい創造を立ち上げ、救いをもたらす主権的支配を地上で始め
られたのです。この新しい創造は、イエスご自身の物質的なからだか
ら始まりました。

　イエスについて起こった十字架と復活という出来事こそが、今や悔
い改めへの招きであり、神がこの世界において何をしているかを理解
する手がかりなのです。福音書のストーリーを熟考することなしに、地
震や津波やパンデミックやその他の出来事を見て、「神がここで何を語

っているか」についての結論に飛びつく人がいます。そうすることで、神に関することをイエス抜きで推定するという、基本的な神学的誤謬（ごびゅう）を犯すのです。

同様の観点は、ぶどう園の農夫についてのイエスのたとえ話にも見ることができます（マルコ 12・1-12、およびマタイ、ルカの福音書の並行箇所）。読者の皆さんもこの物語はよくご存じでしょう。ぶどう園の主人が収穫を受け取るためにしもべを何人も送りましたが、ぶどう園を借りていた農夫たちはこれらのしもべを拒絶し、そのうちのある者を殺しました。そこで、主人は切り札を切りました。つまり、自分の跡取り息子を送ったのです。主人は、きっと彼なら尊重してくれるはずだと思いました。しかし、そうではありませんでした。農夫たちは跡取り息子も殺し、その遺体を園の外に投げ棄ててしまったのです。この後、別のしもべが彼らに送られることはもうありません。このことを通して語りたいことは明白です。この後、警告のしるしはもうない、とイエスが言っているのです。

これを歴史的観点から見ると、次のことが言えます。神の民がイエスを拒絶したとき、彼らは自分たちの国家、中でも特に神殿を襲うとイエスが警告した破壊から逃れる最後のチャンスを逃したのです。同じことは、その後の教会にも言うことができます。つまり、唯一の神がそのひとり子をぶどう畑の農夫たち（すなわちイスラエルの民）に遣わしたことは、世界に対する教会の使命についても当てはまるのです。唯一の神がおられ、その神がご自身の息子という位格で到来し、世界を救う目的を明らかにしたのであれば、これに匹敵するしるしはもうなく、人々に警告を与える他の出来事ももはやありません。

繰り返しますが、もちろん神はご自分の願うことを何でもできます。特別な方法で人々の注意を引きたいと願うならば、思いのままにでき

るでしょう。（一例を挙げましょう。この文書を書いた日、私は台所で片付けの最中に突然に立ち上がり、食器棚の扉に頭をぶつけてしまいました。床から体を起こしながら、神はいったい何を言いたいのだろうかと考えました。そして私は、一度に多くのことをしすぎているという結論に達しました。）

　しかし、このようなことは一般的ではありません。特別な何かの方法を神が用いるのを期待すべきではないのです。私たちは「分別のない馬やらばのよう」ではないので、「くつわや手綱　そうした馬具で強い」られる必要はありません（詩篇32・9）。これから後の悔い改めへの呼びかけ、天にあるように地にもという神の王国の告知は、戦争や飢饉や疫病によって知らされるのではありません。（もちろん、家庭内の事故でもありません。）それは、イエスによってもたらされるのです。イエスの民、すなわちイエスご自身の御霊によってイエスのいのちを生きている民によって、イエス自身のストーリーが語られ、説教され、告知されてもたらされます。イエスの名が知られていない地域でも、イエスの不思議な働きを通してもたらされます。もし神が、この世界を動かしてきた私たちの方法の間違いを警告したいなら（これはじつに可能性が高いと考えますが）、そのような警告は、イエスのかたちでやってくるでしょう。

　イエスによる神の王国の到来の告知こそが、絶対的な基準です。イエスの最後の晩餐（聖餐）を繰り返すにあたり、伝統的に福音書の一節を読むことが必須とされるのは、それなりの理由があるのです。それらはいのちのことばです。そして、いのちのことばだからこそ、そこに警告のことばも含まれています。これ以上の「最後の使者」は現れることがありません。

　神の王国の到来について話すとき、また、それがイエスの働きによ

ってすでに始まったことについて話すとき、神の王国が実際に何を意味しているかを想起するのは、じつに有意義なことです。ここ数百年のあいだ、このテーマに関する多くの誤った情報がキリスト教の中に流入してきたため、神の王国について整理して考えるのが難しくなっています。

「神の王国」について、もしくは神による究極的な将来について語ろうとするとき、どのような観点から取り組もうと、新約聖書が主張しているのは、救われた魂が「天国に行く」こと、「地上」から永久に去ることではありません。神の王国について、私は『驚くべき希望』（あめんどう 邦訳 2018 年）で詳しく述べています。「神の王国」がいったい何であるかという課題は、私たちが今取り扱っている問題と大きく関係しています。

パウロがエペソ人への手紙 1 章 10 節において熱心に語っているのは、神の究極的な計画はすべてのもの、すなわち天にあるものと地にあるものとをメシアにあってまとめ上げることです。あまりに多くの人に人気のある、キリスト者の敬虔さとしてのプラトン主義的な夢（特に、世俗文化がまん延して「地」が乗っ取られているかに見えるとき）は、単なる逃避主義です。実際、現代の神話、すなわち初期のキリスト者たちは「世界の終わり」がすぐに来ると期待していたという神話は、紀元 1 世紀のテクストの意味を誤読したにすぎません。

イエスは、神の王国——神の主権、天であるような地における救いによる支配——が、イエス自身とその働きによって開始された、と主張しました。ですから、「ここに立っている人たちの中には、神の国が力をもって到来しているのを見るまで、決して死を味わわない人たちがいます」（マルコ 9・1）と言ったのです。

では、神の王国はいつ始まったのでしょうか。イエスご自身が、「わ

たしには天においても地においても、すべての権威が与えられています」（マタイ28・18）と語っています。将来与えられるのではありません。すでに与えられているのです。パウロが書いた最も大切な手紙の冒頭で、福音のメッセージが次のように要約されています。「聖なる霊によれば、死者の中からの復活により、力ある神の子として公に示された」（ローマ1・4）。その意味することは、多くの人々（キリスト者であるか否かに関係なく）の想像に反し、イエスがすでに君臨している、ということです。パウロはコリント人への手紙第一で、イエスによる世界の現在の支配は、イエスの復活をもって始まり、すべての「敵」を征服するわざの完成したときに終わると語っています。そして、この「敵」の中でも最後の敵は、死そのものです。これは、私たちの「今」に深く関わりのある考察です（コリント一15・25-26）。

　それでは福音書は、救いをもたらす神の新しくされた主権を体現するイエスを、どのように描いているでしょうか。イエスの「支配」は今、どのようなかたちで見ることができるのでしょうか。ここで直面する課題は、キリスト教のメッセージを特徴的なものにするのは何か、そして現在の出来事を理解したり、解釈したりするすべての試みに影響を及ぼすべきものは何か、ということです。

　もちろん、イエスが十字架につけられて死んだことは誰でも知っています。また、しっかり学んできたキリスト者たちもさまざまな方法で、「イエスは私たちの罪のために死んだ」という初期の主張を発展させてきました。しかしながら、十字架上に記された「称号」に象徴される福音書の中心的な洞察——ヘブライ語、ギリシア語、ラテン語で書かれた「ユダヤ人の王」——については、ほとんど考え抜いてきませんでした。イエス自身も、幾つかの語りにおいてご自身の来るべき死を、「魂

を救う」という伝統的な意味での「救い」だけでなく、「王国をもたらすもの」と理解していました。

　彼の側近のうちの二人、ヤコブとヨハネが、「王国において」最高の席を欲しがったとき、イエスは権力そのものを再定義して応じました。世界の支配者たちは人々をこき使い、いじめることによって権力を行使している、とイエスは言われました。そして、こう続けます。しかし、私たちはそれと違う方法で権力を行使するのだ。一番偉い者は、しもべでなければならない。一番になりたい者は、すべての人のしもべとならなければならない、と。そして聞かせどころがきます。「人の子も、仕えられるためではなく仕えるために、また多くの人のための贖いの代価として、自分のいのちを与えるために来た」からこそ、そのようにすべきだとイエスは説明するのです（マルコ 10・45）。

　救いをもたらすというイエス自身の唯一無二の召命は、こうして力と権威を永遠に再定義しました。一方、西洋のキリスト教の伝統は、「救い」を「力」からまったく引き離しています。この二つのものがまるで関係ないかのようにしているのです。そのために、マルコ 10 章 45 節に描かれている「贖罪」の神学が、「力」の再定義の枠組みの中に置かれているとは考えませんし、その逆に、「力」の再定義が「贖罪」の神学の枠組みの中に置かれているとも考えません。ところが救いをもたらす神の力の奥義は、受肉した御子の自己犠牲の愛にあるのです。

　つまり、こういうことです。神が世界の「責任を取っている」、あるいは「支配している」、あるいは「統治者である」ことの意義を知りたいのなら、イエス自身が教示しているように、十字架におけるイエスの死に基づいた「王国」「支配」「主権」という概念そのものを再考すべきです。

3 イエスと福音書が教えていること

　このことの考察にあたり、福音書の中でも最も感動的なストーリーに焦点を当てましょう。ヨハネの福音書11章において、イエスと弟子たちは、最悪の運命が待っているかもしれない疑念を強く持っていたのに、あるいはそのような疑念を持っていたからこそ、エルサレムに戻っていきました。そして、ベタニアに到着しました。彼らの友人であり、イエスと特別に親しいラザロが病気であるとの知らせはすでに届いていました。そして、その後すぐ彼は死んだという知らせも届いたのです。ヨハネの福音書の読者は、ここで疑問を感じるでしょう。見知らぬ人の遠くにいる息子を癒やしたイエスが（ヨハネ4・43-54）、なぜ自分の友人を癒やさなかったのか、と。

　しかし、（おそれとおののきをもって）イエスの友であるとはどういうことか考え始めるとき、大事なことに気がつきます。ヨハネは行間を読むように誘っています。イエスが、ラザロを呼び出して生き返らせるために、墓から石を取り去るように人々に命じたとき、まず、神が自分の祈りを聞いてくれたことに感謝をささげました。このことから、ベタニアへとイエスが旅立つ前に、死んでしまったラザロが腐敗しないよう、生き返るための備えができるように祈っていたことが分かります。さて、石が取りのけられました。マルタの恐れていた腐敗臭はしませんでした（ヨハネは何も言ってはいません。読者が気づくようにゆだねています）。こうして、邪魔ものが何もないことをイエスは知っていたのです。

　この出来事のあいだ、イエスはずっと主権者でした。何が起こっているのか、このつらい経験を通り抜ける家族たちがどんな犠牲を払っているか、そのとき自分が何をするのか、イエスはすべてを承知しているという意味で主権者でした。この点にこそ、ヨハネが明らかにしている隠された奥義が含まれています。まずイエス自身が間もなく死

に下り、「この世を支配する者」(12·31) を打倒するという奥義です。次に、ヨハネの福音書 11 章におけるラザロと異なり、イエスは新しい種類のいのちと不滅の身体性を帯びて復活、出現するという奥義です。(ラザロは墓から出てきたとき、埋葬のための衣をまとっていましたが、ヨハネの福音書 20 章でのイエスは、その衣を墓に残しています。)

　ここにパラドックスがあります。そして、まさにそこにこそ、私たちが現在直面している苦境全体を理解するためのアプローチの重要な手がかりがあると私は考えます。イエスは祈り、この出来事の責任を取り、自分がこれから何を行うかを知っていました。そのイエスが、友の墓で泣いたのです (ヨハネ 11·35)。じつに滑稽な説ですが (どこかの神経質な神学者が示唆しただろうと想像します)、それは、マリアとマルタへのイエスの同情を示す感情の現れだという人がいます。そんなわけはありません。涙は本物です。死の恐ろしさ——愛らしい美しいものすべての前で死はあざ笑う——は圧倒的な現実です。いのちの主にとっては特にそうです。

　そしてラザロの墓でのイエスの涙は、12 章 27 節での「今わたしの心は騒いでいる」というイエスの語り、マルコとマタイの福音書にあるゲツセマネにおけるイエスの姿、十字架の上でのすさまじい叫び、「わが神、わが神、どうしてわたしをお見捨てになったのですか」(マタイ 27·46、マルコ 15·34) も指し示しています。この一連の流れ (もちろん、もっと詳細にわたって説明することもできますが) の検討を通して明らかになるのは、四つの福音書が、神の「統制」、あるいは神が「責任を取ること」といった力の概念——つまり「王国」の中心的概念——はイエスに基づいて再定義されている、と一様に理解している一方で、複雑な方法を用いてそれぞれの違いを表現している点です。

　今、直面しているコロナウイルスに関する問いを頭の中で鳴り響か

せながら、ラザロの墓に戻りましょう。マルタやマリヤ、そして傍観
している人たちも皆、ラザロの死は事実上、イエスのせいだ、彼はこ
れを阻止することができたはずだ、と言っています。マルタとマリヤ
も「主よ。もしここにいてくださったなら、私の兄弟は死ななかった
でしょうに」（ヨハネ11・21、32）と言っています。また群衆たちは、「ラ
ザロが死なないようにすることはできなかったのか」と問うています
（11・37）。新しい悲劇が起こるたびに、この問いは何年にもわたって響
いてきます。なぜ神はこのことを許したのか？　なぜ神はそれを阻止
するために介入しなかったのか？

　生まれながら盲目であった男がしなかったように、イエスも、何が
あって、何がなかったかの可能性について、振りかえって見ようとは
しませんでした。人々はイエスを非難しましたが、彼はだれも非難し
ませんでした。イエスは御父を信頼しており、今、何が起こらねばな
らないのかと将来を見すえていました。そしてイエスは、涙を通して
ゴールへとたどる道を進みました。ヨハネが物語っている神は、受肉
した、それもナザレのイエスとして受肉した神です。すなわち、こと
ばが肉体をとり、友の墓の前で涙を流した神です。このことは、知恵
を得るために多くのヒントを与えてくれるでしょう。しかもそれは、
今まさに私たちが本当に必要としている知恵です。(1)

　それではイエスは、マルタとマリヤ、さらに批判的な群衆とどのよ
うに関わっているでしょうか？　イエスは彼らの台を倒し、「おまえた
ちが罪深いからこれらのすべてが起こったのだ、今、悔い改めよ」と
警告してはいません。ただ泣くだけなのです。そして、涙と信頼が混
ざり合って生み出された権威をもって、ラザロに命じます。「墓から

---

(1) 同様の主張はこれを補完するような魅力的な角度から、日本人の芸術家であるマコト・フ
ジムラの新著、*Art and Faith: A Theology of Making* (Yale University Press, 2021) でなされている。

出てきなさい」と。パンデミックのみならず、それが生み出す社会的、文化的激変に直面している私たちに、今語りかけるべきことばがあるとすれば、まさにこのことばだろうと私は考えます。

　では、これまで私たちは何を学んできたのでしょうか？
　まず私たちが学んだのは、「神が支配している」「神が責任を取っている」ことの意味を、イエスがどのように再定義したかでした。現代西洋の私たちは、摂理の教理（起こっていることのすべては神の指揮下にある）と贖罪の教理（イエスの死によって、神は私たちの罪を赦す）を分離してきました。新約聖書は、それを拒否しています。イエスご自身もそうすることを拒否しています。
　しかし、摂理の教理と贖罪の教理を分離する心の習慣が深く刻み込まれているため、神学者たちや広く知られたクリスチャンの著作家たちは、深刻なパンデミックについて、部屋の一方の隅から、「私たちはああ言うべきだ、そう言うべきではない」と語りつつ、同じ部屋の反対側の隅から、この出来事を契機に、「イエスが私たちのために死んでくださったので、彼を信じれば天国に行ける」と語る機会が与えられた、と言いきるのです。ところが新約聖書に、このような二つの側面を持つ部屋について何も書かれていません。私たちは何とかして、本来分離してはいけないものを元に戻すことを学ぶ必要があります。
　次にイエスは、旧約聖書の預言者の伝統をクライマックスに導き、彼自身と自らの来たるべき死と復活にすべての預言の重要な要素を描き込むことで、この伝統を締めくくっています。ですから、当然のことではありますが、神はあらゆる種類の出来事を用いて、私たちが本来気づくべきなのに実際は無視していることに目を向けるよう、警告できます。そして実際にそうします。しかし、実際にそのような出来

事が起こったとき、受肉した御子イエスを抜きに解釈してはなりません。たいていの場合、唯一の神がすでに行ったこと、今行っていること、やがて行うことの最高の「しるし」は、イスラエルのメシアである方、十字架につけられ、復活し、天に昇られ、栄光のうちに再臨すると約束しておられるイエス以外にありません。このイエスこそ、世界のまことの主なのです。

　では、イエスの死と復活の光の中で、世界の出来事を「読む」とはどのようなものなのでしょうか？　このことを考えるにあたって、新約聖書の残りの部分に移ることにしましょう。

4
新約聖書から読みとる

　多少の差こそあれ、イエスの時代のユダヤ人の書物がそうであるように、新約聖書は、過越というあらゆることの基盤となる重要な出来事に絶えず言及しています。このとき、神はイスラエルの民をエジプトの奴隷状態から救い出しました。そしてイエスは、神の王国の到来を告知する自らの働きと、十字架に向かって進んでいく自らの召命の中心に、この過越を置きました。

　ですからイエスは、エルサレムに上っていく最後の機会に過越を選び、前もって自らの死を解釈するために、弟子たちと食事をしたのです。この食事は、過越の食事であるとともに、その翌日、自分が何を成し遂げようとしているかを指し示すものでした。

　さて、過越について大切なことを一つ取り上げましょう（過越には大切なことが数多くありますが、これはその中の一つにすぎません）。イスラエルの民がエジプトで奴隷だったとき、だれ一人として彼らの罪がその原因であるとは言わなかった点です。その一方で、イエスの時代には、ユダヤ人の置かれていたひどい状況は（かつてバビロン、ギリシア、シリア、そして今やローマに踏みにじられていた）、「新しい出エジプト」を必要とする苦況としてのみでなく、イザヤをはじめ他の預言者たちが約束した「罪の赦し」を必要とするものとして解釈されていました。また、外国に拉致された捕囚の原因は間違いなく（預言者の視点からすれば）

罪でした。ですから、捕囚からの救いは、その赦しを意味するのです。

　それでも過越は、赦しのためのものではありませんでした。ヤコブとその息子たちは、美徳の手本とはとても言えませんでしたが、創世記は、彼らの罪が長期間にわたる奴隷状態と関わりがあるとは考えていません。事実、中東に飢饉が起こったとき、だれも「ああ、私たちが罪を犯したからだ」とは言わず、むしろ、「エジプトに穀物があると聞いた」〔創世42・2〕と言ったのです。何か問題があったからではないかと後ろ向きに考えるのではなく、何をすべきか見極めようとしています。

　この対応を見本としたのが、教会の初期に起こった最も興味深い最初の実例です。そして現在、私たちが直面している問題に対する適切な対応とはどのようなものかをも、この対応は示してくれています。

　「使徒の働き」の前半の章を見ると、初代教会の姿が鮮やかに描かれています。一度読み始めると止まりません。慌ただしくて劇的な幾つものそのような瞬間のまっただ中にあるために見過ごされがちな出来事の一つに、大変意義深く、かつ私たちが取り組んでいるテーマによい示唆を与えるものがあります。「使徒の働き」11章に登場する教会です。この教会はエルサレムから北へ約500キロのところにあるシリア・アンティオキアにありました。

　アンティオキアは交易ルートの上にあり、あらゆる国の人々が住み、行き来する、にぎやかで国際色豊かな町でした。数多くのさまざまな国籍の人々がイエスを信じるようになり、教会は成長していました。バルナバはエルサレムからこの町の様子を見るために訪問し、神の恵みが豊かに働いているのを見て大変喜びました（11・23）。そして、バルナバはサウル（この出来事の後、間もなく「パウロ」となる）を探しに出かけ、彼を連れてきて、教えと説教の働きを手伝わせました。

まさにこのころ、エルサレムからアンティオキアへの旅をしてきた預言者たちが到着しました。その中の一人、アガボが立ち上がって、聖霊が彼に啓示したことを、そこに集っている人々に語りました。全世界に大飢饉が起こる、と告知したのです。当時、大飢饉がときおり起こっていました。たとえば、当時のほぼ二千年前ですが、ヤコブとその家族をエジプトに導いたのも大飢饉でした。ルカは、今回の飢饉が実際に起こったのはクラウディウスの治世（すなわち、紀元 41~54 年）であると注釈を加えています。他の史料から、この時代には何度も大飢饉が起こったことが知られています。

　では、アンティオキアにいたイエスの弟子たちは、何と言ったでしょうか？「主がもうすぐ戻ってこられることのしるしに違いない」とか、「私たちが罪を犯したので、悔い改めが必要だからこんなことが起こったのだ」とか、「すべての人が罪を犯しているので、これは、悔い改めの必要を広く世界に伝える絶好の機会になる」などと言いませんでした。またシリアの当局や、より広い地域の当局、あるいはローマ帝国の当局を見回して、「だれが生態系を壊したのか、だれが食料流通ネットワークに不正干渉したのか」と言って、さまざまな人を順番に非難し始めもしませんでした。むしろ彼らは、三つの簡単な質問をしました。すなわち、このような事態が起こったとき、特別に危険にさらされるのはだれか？　私たちに何ができるのか？　そしてだれを送ろうか？

　これを見て、これは神学的な対応ではない、ただの実用的な対応にすぎないと思う人がいるかもしれません。しかし、この対応は「神学的でない」と対応することこそが、じつは「神学的でない」のです。なぜなら、神の王国の重要な原則の一つである、「イエスを通して発足した神の王国は、被造物を本来あるべき姿に回復させる」ということと、意図せずここで重なっているからです。神はつねに、神に忠実な人間

を通してご自分の世界に働きかけたいと願っています。人が「神のかたち」に造られたということに、このことが含まれているのです。

ヨハネの福音書9章でイエスは、「神のわざが現されるため」と語り、イエス自らがその直後に、そのわざを行いました。それと同様に、「なぜ飢饉が起こっているのか？」ではなく、「神は何をしておられるのか？」、そして「どうすれば助けることができるのか？」について、アンティオキアの教会は祈り深く考えました。その結果、神はご自分のわざを、私たちを通してなされる、と気づいた彼らの姿を想像することができます。これも、聖霊のわざを信じることです。

アンティオキアの教会は、活発で、裕福な教会でした。一方で、エルサレムの教会は、貧しく、ときおり迫害を受けました。ですから先の三つの問いのうち、最初の二つの問いにアンティオキアの教会が答えるのは、それほど難しいことではありませんでした。あとは、だれを遣わすか、祈りつつ考えればよいのです。パウロがローマのキリスト者たちに、神は神を愛する人たちとともに、そして彼らを通して働いて、すべてのことを益としてくださる、と書いたとき、彼は同様のことを念頭においていたのではないでしょうか（ローマ8・28）。これについては、また後ほど説明します。

（ところで、このストーリーに表されている初期の教会の特徴の一つに注目してください。それまでの世界の歴史でまったくなかったことですが、ある都市の多文化的な人々によって構成された集団が、500キロも離れてた別の都市の単一文化的な人々で構成された集団に、友愛の義務を感じた点です。もちろん、世界中にあったユダヤ人社会は、この原則を理解していたかもしれません。ローマ帝国の当局者たちも他の州にいる同僚を、自分の属する大きなチームの一員であると見なしたかもしれません。しか

し、当時の教会はどうでしょうか？　私たちは前例のない出来事を目撃しています。たいへん影響力ある出来事です。どのように支援したらよいかという問いに向き合う私たちは、この実例に定期的に目を向けるべきです。新型コロナウイルスに「キリスト者」がどう対応するにしても、すべてのキリスト者がそこに加わられるようにすべきです。）

　裏切られた夜にイエスが語った「新しい契約」（エレミヤ書31章参照）のゆえに、初期の教会は、神がご自身の臨在によって自分たちを力づけてくれていると信じました。この点に注目してください。聖霊が彼らに与えられたのは、個々の信徒が、さらには礼拝のために集められるときにそこに集められている信徒たちが、神の目と耳、神の手と足となって責任を引き受け、この世界で必要とされることを行うためでした。だからこそ、初期のキリスト者は最初からこの世界を、イエスが愛するイスラエルの民を見ていたように見、神が何を行いたいのか、何を言いたいのかを考え、祈りのうちにそれを実行し、語っていったのです。それこそが「宣教」です。

　イエスはヨハネの福音書20章21節で、次のように語っています。「父がわたしを遣わされたように、わたしもあなたがたを遣わします」。イスラエルにイエスが遣わされたように、弟子たちは世界に遣わされたのです。このようにして教会は行動を起こしたのです。思い出してください。恐れのゆえに閉じこもっている少人数の人々にイエスが語ったのです。聞き覚えがあるでしょう？　このことについては、後ほど触れます。

　とりわけイエスは、山上の説教（マタイ5～7章）で神の王国の今後の展開を提示していますが、この発言は、世界への影響力の衰えてきた西洋社会でよく想像されるような単なる「倫理」についてのものでは

ありません。それは「宣教」に関するものです。「心の貧しい者は……
柔和な者は……悲しむ者は……平和をつくる者は……義に飢え渇く者
は幸いです」と続きます。イエスは「そのようになるよう努力しなさ
い。それができるなら、それこそ私の王国における私が望む民です」
と語っていると、このところを読んですぐに思い込むかもしれません。
しかし、そうなることができるかどうかはここでの問題ではありませ
ん。大切な点は、神の王国が、天でそうあるように地においても始め
られている、そして神の王国は、神がこのような人々を通して働かれて、
実現していくということです。

　世界とそこで起こっている災禍を見て、多くの人が疑問に思うのは、
なぜ神は走り寄って解決してくれないのか、ということです。なぜ神
はこんなことが起こるのを許されるのだろうか？　なぜ神は稲妻を送
って（もしくは、異教の神より少しゆるやかな仕方で）物事を正してくれ
ないのか？　しかし、これらの問いへの答えは明確です。神は確かに
稲妻を送っています。人間という稲妻です。神は心の貧しい者を、柔
和な者を、悲しむ者を、平和をつくる者を、義に飢え渇く者を遣わし
ています。

　神はご自分の世界で、彼らを通して行動しようとしているのです。そ
のような人たちはどのような雷よりも、実際の稲妻よりも、効果的に働
きます。自発的に行動し、本当の必要がどこにあるのかを見極め、そ
れに応えていきます。友人の墓で泣きます。敵の墓でも泣きます。彼ら
の中には傷つけられる人もいます。殺される人もいるでしょう。「使徒
の働き」に綴られているのは、じつにこのような人々のストーリーです。

　もちろん、彼らは問題や罰や挫折や難破に直面するでしょう。しかし、
神の目的は一貫しています。祈りに満ち、謙遜で、忠実な人々こそが、
多くの人の問いかけに対する答えなのです。「なぜこのようなことが起

こるのか？」という問いに対して答えてはいません。「何をすべきですか？」という問いに答えているのです。「何がここでなされる必要があるのか？　だれが最も危険にさらされているか？　どうしたら助けることができるか？　だれを遣わそうか？」という問いです。神は、あらゆることに対して神を愛するとともに、そして彼らを通して働かれるのです。

　今回のことを通して何らかの教訓を学ぶ必要などない、と言っているのではありません。事実、このことは私たち自身が今後、地球大の視点から問うべき課題を示しています。ここではまず、パウロの旅路と彼の書いた手紙について考えましょう。コリントで何らかの社会的危機が起きている状況（おそらく飢饉が再度起きたのかもしれない）に言及したパウロは、コリントの人々に、「どのような罪を彼らが、もしくは他の人々が犯したかを突き止めなさい」とは言いませんでした。むしろ、今しばらく立ち止まって、危機の状況を見極めつつ、生活上の大きな変化を求めないことこそ、分別と知恵ある行動だと伝えています。

　コリント人への手紙第一7章にこのことが書かれています。この箇所はよく議論される箇所ですが、次のように理解するのが適切でしょう。「確かにあなた方は危機の中にある。しかし、驚いてはなりません。危機の中にいるあいだ、充分に知恵を用いて、今、何をするべきか、そして何をすべきでないかを選びなさい」と。

　最も大切な点はおそらく、「使徒の働き」17章に書かれています。アテネに到着したパウロは、いつものようにユダヤ人の会堂で話しました。しかし、彼はそこで市場にも出入りしています。パウロは、このときを心待ちにしていたのではないでしょうか。彼はタルソというアテネと並ぶ当時の哲学の中心地で育ちました。タルソが哲学の中心地になったのは、当時続いていた戦争で、アテネがローマの敵を支援し

たため、ローマ軍がその罰として紀元前86年に、アテネに壊滅的な打撃を与えたからです。哲学者の多くが、そのときアテネを去りました。その多くがタルソに移ったのです。その一方、パウロは自分の拠って立つ哲学を知っていました。

とにかく、パウロの教えは人々の興味をそそるのみならず、疑惑も呼び起こしました。古代の世界は、新奇な祭儀に寛容でした。地元の神々や（アテネの場合は）女神を礼拝していましたが、それ以外にも多くの神殿や礼拝所があちらこちらにありました。深く考えることをしない多元主義が、当時は一般的だったのです。しかし、限界はありました。ソクラテスが有名でしょう。彼は、青年を堕落させた（つまり、一般的な社会秩序を覆すかもしれない新奇な思想を教えた）、そして「外国の神々」を導入したとしてアテネの行政官と衝突し、ついには死刑に処せられました。

その一方で、パウロはアレオパゴスの法廷の場で証言するよう召喚されました。。特に「イエスとアナスタシス」とはどういう意味なのかを説明することが求められました。アナスタシスとはギリシア語で「復活」という意味です。アテネの人々は、パウロが新しい神イエスと新しい女神アナスタシスについて語っている、と考えたのです。そこでおもに論じられたのは、哲学的な議論ではありませんでした。むしろ、死刑に値する罪状があるかどうかが論じられたのです。

そのような観点からこの出来事を見直すと、パウロの行動はより興味深く映ってきます。パウロは、神が唯一であること、この唯一の神が全世界に責任を問うていること（留意して欲しいのは、パウロがアテネの最高法院に向かって話していることです）、そして、やがてくる最後の審判の保証と手段が、神が死者の中からよみがえらせた人物であるイエスにあるのだと告知しました。パウロの目的は、イエスの復活につ

いての告知へと話を進めることだったからです。そして、この告知が
悔い改めへの召喚を設定することにあるという点こそが最も重要です
（使徒17・30-31）。

　ああ、「これこそ私たちが期待していたことだ」と思う人もいるか
もしれません。しかし、パウロが行わなかったことを少し考えてくだ
さい。当時の大災害から幾つかの例を引き出すこともできたでしょう。
他にも飢饉は起こっていました。社会のレベルで、そして政治のレベ
ルで重要な争いもありました。さらに、1世紀ほど前にさかのぼった、
アテネにとって最悪の時代に言及することもできたでしょう。つまり、
国際政治で誤った選択を行ったため、過去の大文明を敬うことなどし
ないローマ帝国に、完全に破壊された過去についてです。このような
ことはみな古代宗教では「神々が怒ったからに違いない」と言うのです。
そのように語ったら、確かに悔い改めを強く迫ることができるかもし
れませんが。

　しかし、パウロはそんな議論はしませんでした。彼が言及したのは
唯一の偉大なしるしでした。つまり、神は、イエスに関わる出来事を
通して、あらゆる場所のすべての人々に悔い改めるよう招いている、
ということです。イエス自身が、他にない「唯一の偉大なしるし」な
のです。パウロは、このしるしに他の何かが追加されることを許しま
せん。イエス自身も、自分の後に預言者が来て警告を与えることはな
いと語りました。

　ぶどう園の所有者が自分の息子を遣わしたということは、もはや繰
り返されることのない神の究極的な提案がそこにあるのです。このよ
うな論理に根ざして、パウロは注意深く演説を行ったのです。今日の
人々がするのと同じように、パウロは神の王国について語り、悔い改
めの必要性を語りました。しかし、何らかの単独の出来事や、つい最

近起こった大きな危機に根ざした議論ではなく、イエスご自身に関する事実に根ざした議論を提示したのです。

　ですから、私がここで言いたいのは次のことです。イエスの時代以降、イエスの弟子たちが神の王国について語り、悔い改めを命じているのは、イエスに関する出来事の後に飢饉や疫病が起こったからではなく、イエスご自身のゆえなのです。

　ただし、初期のキリスト教文書の中に、逆の方向に進んでるかに見えるものが一つあります。ヨハネの黙示録です。モーセがエジプトのファラオに対峙したときに起こった災いをモデルとする「災い」の連鎖が、8章と9章に書かれています。それは通常、ローマとされる「バビロン」という大都市の破壊の予兆だと見なされますが、この箇所はそのような••より劇的な「しるし」があることを示しているのでしょうか？

　私はそうは考えません。まず、ヨハネの黙示録はよく知られているとおり、幻想的なイメージに満ちています。これらのイメージは、「これから起こること」についてのいわば動画による記述であって、字義どおりに理解すべきものではありません。むしろ黙示録全体が、ある意味イエス自身という最も主要な啓示（1・1-16）の意義を引き出しているにすぎないのです。本書の表題は、「メシアであるイエスの黙示」（1・1）［原文より］です。小羊でもある獅子、すなわちイエスご自身に、神の全計画を推進する任務が託されたのです（5・6-14）。ですから、それ以降、ヨハネの黙示録は、イエスに関する事実を明らかにすることに••のみ集中しています。確かに、同様のことはさまざまなかたちで世界に当てはめられるでしょう。しかし、最も重要なのは、すでに十字架で得られた、小羊の勝利なのです。

　この出来事以降、この勝利が語っているのは、小羊に従う者たちが

苦しみを通して証しするということです。このことは、黙示録（6·9、7·14-17）に明示されています。神学的観点から言うと、イエスの初期の弟子たちが知っていたことは、ほかでもないこの苦しみこそが、イエス自身の十字架における苦しみそのものであり、証しとは、聖霊によって彼らを通して告知されるイエス自身そのものが証しであることです。イエスの弟子たちは、イエスの御霊が彼らの内に住んでいるので、自分たちよりも大きな何者か、すなわちイエスご自身というメシアの実存の一部に彼らが加えられていると理解しました。そしてこの奥義によって、自分たちが何者であるのかを理解していたのです。だからこそパウロは、コロサイ人への手紙1章24節という注目すべき箇所で、メシアのからだである教会のために、メシア自身の苦しみの欠けを自分の身で満たしている、と語ることができるのです。メシアの一度きりの死は、このように、ときに使徒自身の苦しみという目に見えるかたちで世界の前で描写され、告知されています。

　パウロは、コリント人への手紙第二4章と6章でも同様のことを述べています（ガラテヤ人への手紙3章1-5節のうちの意味が不明瞭な一節も、同じことを表しているかもしれません。パウロはそこで、イエスが「十字架につけられて公に描き出された」と述べています [3·1]。たぶんそれは、ガラテヤの町に到着する直前にパウロ自らが襲われ、石打ちにされ、殴られ、ボロボロの状態であったことに言及しているのかもしれません）。パウロ自身が、十字架につけられたメシアの福音の生きた「たとえ」だったのです。

被造物のうめきを共有する

　このように議論を進める私たちは、最も重要な箇所の一つに向き合

わざるをえません。イエスの弟子として、いかにコロナウイルスの課題にアプローチすべきなのかを探求するに当たって、パウロの最も偉大な手紙であるローマ人への手紙の中でも最も素晴らしい箇所である8章の前に、畏敬の念をもって立つことになります。

　パウロ書簡を知る人は当然、ローマ人への手紙8章がいかに信仰と希望と愛に満ちているかを知っているでしょう。「今や、メシアであるイエスにある者が罪に定められることは決してありません」（一部変更）という宣言でこの章は始められます。そして神が、イエスの死において「罪を処罰し」、死者からの復活の保証としてご自分の民に聖霊を与えたと解説しています。そしてこの章は、神を賛美する大きな叫びをもって閉じられます。

　　しかし、これらすべてにおいても、私たちを愛してくださった方によって、私たちは圧倒的な勝利者です。私はこう確信しています。死も、いのちも、御使いたちも、支配者たちも、今あるものも、後に来るものも、力あるものも、高いところにあるものも、深いところにあるものも、そのほかのどんな被造物も、私たちの主である王イエスにある神の愛から、私たちを引き離すことはできません。

　　　　　　　　　　　　　　　　（ローマ8・37-39、一部変更）

　この章は、たとえるなら、だれもが住みたいと願う家について書いています。この箇所は、キリスト教を端的に表現しています。つまり、私たちの内側と外側にある、あらゆる暗黒の力への勝利、現在と来るべき時代における保証です。それらはすべて、イエスの死に表されているように、神が愛を注いでくださったからです。これがすべてです。それでも、この驚きに満ちた章を最初から最後まで読むとは、その途

中にある箇所をも読むことを意味します。ところが、私たちは途中にある不思議な箇所を読み飛ばしがちです。ただし、今日のような状況下に置かれたときこそ、私たちはこの不思議な箇所に引き戻されるのです。

　ここでパウロが述べているのは、神の霊を受けた弟子たちが自分たちを待ち受ける「相続地」に、いかに聖霊によって導かれたかです。ここには、ユダヤ教の中心テーマである出エジプトと過越が明示されています。すなわち、イスラエルの子たちがエジプトから解放され、神ご自身によって荒野を通り抜け、彼らの「相続地」、約束の地に導かれた、ということです。この旅路は、イスラエルの子たちにとって決して安穏としたものではありませんでした。私たちの人生の巡礼もまた、たやすいものではありません。パウロはそれを次のように語っています。

　　　御霊ご自身が、私たちの霊とともに、私たちが神の子どもであることを証ししてくださいます。子どもであるなら、相続人でもあります。私たちはメシアと、栄光をともに受けるために苦難をともにしているのですから、神の相続人であり、メシアとともに共同相続人なのです。（ローマ 8・16-17、一部変更）

　苦しみは、私たちが歩まなければならない道、避けられない道のように思えます。しかし、パウロはすぐに次のように付け加えるのです。この苦しみは「やがて私たちに啓示される栄光」に比べれば、取るに足らないものだ（8・18）、と。

　繰り返しますが、ここで言う「相続地」とは、多くのキリスト者が想像するような「天国」ではありません。ここでの「栄光」という概

念は、天国に行って天使のように輝くこととは無関係です。「相続地」とは、新しくされた被造物全体です。ヨハネの黙示録21章にあるように、すべてがまったく新しくされ、完成された、天と地が結び合わさった現実であり、堕落と死と腐敗が永遠に廃棄された現実を指しています。これまで長期にわたって起こってきた一連の出来事の最終章が、「相続地」なのです。

旧約聖書では、「相続地」の拡張を見ることができます。神がアブラハムに約束した土地から（創世記15章）、神がダビデに約束した全世界（詩篇2篇）へという拡張です。初期のキリスト者たちはこの相続地である「地」を、それを捨てることで得られる「異界的」な天国と取り替えてしまうことはありませんでした。当時のキリスト者は、天がついに地に到来することによって神の約束が成就するのだと考えていたからです。そのようにして、聖書に記された栄光に満ちた幾つかの約束にあるように、水が海を覆うように、全地は神の栄光で満たされるのです（詩篇72・19とともにイザヤ11・9、および同様の箇所）。

神の新しい創造のなかで、変容された私たちの身体性がどのようなものかは分かりません。復活されたイエスのからだには、不思議な特質がありました（閉ざされた扉を行き来するとともに、飲んだり食べたり、触れることも触れられることもできる）。しかし、そのからだは輝いていませんでした。ただし、それ以前の変貌山においては輝きましたが。イエスのからだが輝いたかどうかは大切ではありません。本当に大切なのは、ここで言われている「栄光」、つまり詩篇8篇で神がかぶらせてくださった「栄光と誉れの冠」であり、贖われた人間による、長く待望されていた神の被造物の支配です。このことは、ローマ人への手紙5章17節でパウロが述べているとともに、ヨハネの黙示録5章10節や他の箇所で語られている、贖われた人間の召命と一致します。

それでは、その「支配」とはどのようなものでしょうか？　このことを考えるに当たって、神がご自分の世界をどのように支配しようとしているかというテーマに戻りましょう。私たちがいつも思い浮かべてしまうのは、軍隊の先頭に立つ君主が、目前の敵をすべて次々となぎ倒すような中世的な概念です。もしくは、発明者の意図どおりに機械が動くという18世紀の概念です。どちらにしても、これらのうちのどちらか、もしくは両者の混ざったもので神は世界を支配する、と考えることが多いでしょう。世界は大じかけの機械だというわけです。そこで、この世界で何か奇妙なことが起こると、それは神が意図したことだと受けとめたり、少なくとも、神が許可を与えたと考えます。そして、そこから推論しようとします（「もし神がこのことが起こるのを許したとしたら、そのことで何かを伝えようとしているに違いない」と）。

　私の論点を繰り返しますが、神はご自分の願うことを何でもできます。ただし、神がある目的のために、あることを特別な機会に行ったり、それが起こるのを許したりしても、それはまったく神の領域であって、私たちの関わることではありません。つねにそう考えられるからといって、先に述べた神の姿を口実に、個人的にも神学的にも、次の箇所、つまり8章の中心に位置する箇所の挑戦から逃れるべきではありません。

　被造物は切実な思いで、神の子どもたちが現れるのを待ち望んでいます。被造物が虚無に服したのは、自分の意志からではなく、服従させた方によるものなので、彼らには望みがあるのです。被造物自体も、滅びの束縛から解放され、神の子どもたちが栄光を与えられるときに到来する自由を喜ぶのを望んでいるのです。

（ローマ8・19-21、一部変更）

　つまり、神はご自身の世界が人間を通して支配されることをつねに
願っていました。神のかたちに造られたことには、このような支配を
も含むのです。人間であるイエスにおいて、栄光に満ちたかたちでこ
のことが成就しました。そして、新たにされ、復活させられた人間に
よる、救いと回復をもたらす賢明な支配によってはじめて、被造物は
本来あるべき姿となるのです。そして、聖霊が宿っている人は皆、イ
エスのように神のかたちを担う者、つまり、パウロが29節で述べてい
るように、「御子のかたちのひな形にしたがってかたち造られた」者［著
者訳］となるのです。

　では、このことは実際にどのような意味があるのでしょうか？
　このことが意味するものは、世界が大きく動揺しているとき、イエ
スの弟子たちが、世界が痛んでいるその場所で祈る民となるよう召さ
れている、ということです。パウロはそれを、以下のような三段構え
でまとめています。まず、世界のうめき。次に、教会のうめき。そして、
三つ目に聖霊のうめき、しかも世界の中にある教会におられる聖霊の
うめきです。これこそが、「現在のコロナウイルスによる危機は神から
の明確なメッセージであって、終末のしるし、悔い改めへの招き、も
しくは伝道の基準となる機会というものに、即座に解読できる」と考
えている人たちへの究極的な解答だと私は考えます。パウロは、それ
を次のように表現しています。

　　私たちは知っています。被造物のすべては、今に至るまで、とも
　にうめき、ともに産みの苦しみをしています。それだけでなく、御
　霊の初穂をいただいている私たち自身も、子にしていただくこと、
　すなわち、私たちのからだが贖われることを待ち望みながら、心の

中でうめいています。……同じように御霊も、弱い私たちを助けてくださいます。私たちは、何をどう祈ったらよいか分からないのですが、御霊ご自身が、ことばにならないうめきをもって、とりなしてくださるのです。人間の心を探る方は、御霊の思いが何であるかを知っておられます。なぜなら、御霊は神のみこころにしたがって、聖徒たちのためにとりなしてくださるからです。(ローマ 8・22-27)

注意して欲しいのは、ここでパウロが語っていることは、当時のイエスの弟子たちの一部が主張したかったことと、およそ正反対のことであるという点です。

この世界が、産みの苦しみの中でうめいています。このような情景は、よく理解できるでしょう。現在のような時代は、私の人生でもはじめてです。コロナウイルスは甚大な影響を与えています。何千人もの死者が出ているのみならず、何百万もの人々がストレスと苦悩の中で、会社に行けず、助けもなく引きこもっています。パートナーの虐待から逃げられない人たち、仕事や生活を失った人たちがいます。数日間、自分の家に籠もっていると鬱になってしまう気性の人もいます。私たちは、こうした事態をよく耳にします。このような状況の中で、教会はどうあるべきでしょうか。

これまで見てきたように、教会は少し離れて立って、「あなたがたがみな罪びとだからです。世の終わりが近いからです。何が起こっているのか私たちは知っています。それをあなたに伝えなければなりません」とコメントすればよい、という人がいます。しかし、パウロはそうは言っていません。むしろ、イエスに従う者たちは同じ「うめき」に捕らえられていると言っています。

私たちは、ここに大きなギャップがあることを痛感しています。つ

まり、現在の私たち（弱く、はかなく、混乱し、やがて朽ち果てる）と将来の私たち（死からよみがえって栄光に満ちた、新しい、死ぬことのないからだ）の間のギャップです。そして、今のこのとき、私たちは被造物のうめきを共有しているのです。この事実は、今このとき、教会は何をしたらよいかという問いに、じかに答えるものです。

　今、この時に教会が何よりもすべきことは祈ることです。しかし、それはじつに奇妙な祈りです。ここで注目して欲しいのは、聖書の中でも最も輝かしさに満ちた章、ローマ人への手紙8章の中心部でパウロが言っていることです。「何をどう祈ったらよいのか分からない」[8・26]。私たちは途方に暮れています。ところがパウロは、そのことを恥じるべきではないと示唆しています。それは、もっともなことだというのです。一種の捕囚、一種の断食であり、自分たちにはまだ分かっていない瞬間、自分たちで「コントロール」することのできない瞬間、私たちが「栄光」と考えるものをまったく共有できないでいる瞬間にいる、ということを意味します。

　にもかかわらず、まさにこのような瞬間に、私たちは内的な神の三位一体の生に捕らえられています。これこそ、私たちに今の状態が警告を与えている、暗闇に閉ざされた奥義です。つまり、「自分たちにはまだ分かっていない」ということを知ること自体が、私たちのいるべき場所です。ソクラテスの原則を、キリスト教の視点から深く考え直すのです。ソクラテスは、自分は多くを知っていると主張しませんでした。しかし、知らないことを知っていたからこそ、問い続けたのです。このことを三位一体の神の生のあり方にそのまま言い直すと、こうなります。つまり、うめきつつ、何を言い、何をしたらいいか分からないことに私たちが気づくその瞬間、それと同じ瞬間に、神ご自身、すなわち聖霊なる神も私たち同様にうめいている、それもことばなしに

うめいているということに私たちは気づくのです。

　ここにはパターンを見いだします。イエスのストーリーを長期にわたって考えてきた人なら、それに気がつくでしょう。私たちは神が、いわば「責任を取る」ことを期待しています。物事を統制し、整理し、物事を実現していくことを。しかし、イエスにおいて私たちが見る神は、友の墓で泣く神です。イエスにおいて私たちが見る神は、ことばもなくうめく、霊なる神です。イエスにおいて私たちが見る神は、ご自身が「責任を取る」とはどういうものかを示すために、奴隷の仕事をし、弟子たちの足を洗うお方です。

　あるときペテロが、これまでにないほどの大声を上げたのは、それは間違っていると分かっていたからです。イエスは頂点にいるべきであり、ペテロはそのイエスのためにいのちを捨てる覚悟ができていました（ヨハネ13・6-10、37-38）。教会は、ペテロが陥った誘惑にいつも直面しています。すなわち、この世界を「いつもの」方法で導き、必要なら戦闘をかまえることへの誘惑です。しかし、問題がやってくると、見事なまでに頓挫するのです。その一方でローマ人への手紙8章にある聖霊なる神の姿は、私にいやがうえにもヨハネの福音書13章の御子なる神の姿を思い起こさせます。この御子の姿をこう歌っている賛美歌があります。

　　　あなたのあわれみの座をかいま見ようと努めると
　　　我らの足元にひざまずくあなたを見るのです

　では、私たちは何と言うべきでしょうか？　イエスの弟子である私たちは、世界にむけて仰々しく、「これがこのことの意味だ」と宣言できるほどの言葉を持っていません（もちろん、世界が私たちに聞きたいと

切望してもいないですが)。それとともに、イエスの弟子であるからこそ、被造物がうめきに捕らえられていると気づき、聖霊なる神のうめきが私たちのうちにあることをも見いだすのです。

　これこそが私たちの使命です。すなわち世界が痛んでいるその現場で祈る、それもことばにならない祈りを祈ることです。友人や家族の死を嘆き、ふさわしい葬りができないことを嘆き、世界で最も貧しい何百万もの人が危険にさらされている恐ろしさを嘆き、あるいは都市封鎖自体の持つ憂うつさゆえに嘆き、泣き悲しむのです。

　このようにして、何かを言おうとしても嗚咽と涙しか出てこないまさにそのとき、私たちは、聖霊なる神もそのようにして被造物の苦悩の真ん中に臨在しておられることを思い起こす必要があります。そうです。「ユダヤ人の王」として十字架上に釘づけにされ、イスラエルと世界の苦悩を共有したイエスご自身が思い起こしたように、です。まさにここにおいて、「統制」「王国」「主権」が、新約聖書のほかの箇所、特にイエスご自身においてそうであるように、真の深みに達するものとして再定義されるのです。

　神ご自身、つまり聖霊である神が、適切なことばを明らかに語ることができず、ただうめくのみであるという不可思議な現象を理解するために、パウロは、あの偉大な嘆きの詩である詩篇44篇にさかのぼります。神は、人の心を探り、そこで何が起こっているかをよくご存じの方です [44・21]。私たちの心が全被造物のうめきのうちにあってうめいているとき、心を探る神、つまり父なる神は、「御霊の思い」を知っておられるのです（ある聖書訳がそう訳しているように）。父なる神は、聖霊が何を考えているかご存じです。しかし、ここに神秘があります。父なる神は聖霊の思いをご存じですが、父がご存じなのは、何を言ったらいいのか分からないという聖霊の思いなのです。

それでは、ご自身の創造した世界が崩壊していくさまに直面している創造の神が、究極の摂理の神でありながら、そこで涙を流していると言っていいのでしょうか？　ラザロの墓の前でのイエスのストーリーがそうであるのですから、ヨハネはそう答えているのでしょう。さらには、ご自身のことばによってあらゆるものを造り、それを「非常によい」と宣言された創造者である神が、その被造物の調子がおかしくなって悲惨な状態になったとき、自分には語るべきふさわしいことばがないなどと言っていいのでしょうか？　パウロの答えも、ここで触れた箇所から考えれば、その方向を示しています。調子のおかしくなった世界に確信を持って語ることばは危険です。この歪んだ状態にことばを合わせ、結果的に歪んだことばを語るからです。神はあらゆるものをつねに「統制している」以外あり得ないという神の姿を堅持しようとして、結果的に歪んだことばを語るからです。

　この時点で、続いて次の節を引用する人がいるかもしれません。それはローマ人への手紙8章28節です。多くの訳で、「神を愛する者のためには、すべてのことがともに働いて益となる」となっています〔新改訳2017および聖書協会共同訳はこの訳を採用している〕。英語訳の中で、欽定訳、NRSV、ESV、そしてNIVの脚注にある最初のもの、そして他の訳も、この翻訳を採用しています。多くのキリスト者たちは、この節の意味をそう信じて育ってきたため、どんな災害が起ころうと、何らかのかたちでそれは「最善だった」と言えるはずだ、と考えてしまいます。

　そのように多くの人は理解し、そこに何らかの慰めを見いだしてきたでしょう。しかし、彼らは直前の数節を明らかに読み飛ばしています。（「これらの節は奇妙に思えるが、神は何とかしてくれるだろう」と考えるのです）。そのため、何か「悪いこと」が起こると、まるでストア派であ

るかのように、毛布をかけてその悪いことを隠し、「気にするな、すべてのことはともに働いてよくなる」と言うのです。

　これは、本当にキリスト教的な慰めでしょうか？　そのような受動的な「受容」は、これまで学んできた聖書の箇所が提唱してきたものでしょうか？　それは、コロナウイルスをもたらした一連の災害への適切な応答でしょうか？

　私はそうは考えません。この点について、代替のアプローチを強く主張している何人かの学者の手を借りて論じます。ただし、このアプローチは、ときおり言及されはしますが、広く受け入れられてはいません。(Haley G. Jacob, *Conformed to the Image of his Son* [Downers Grove: IVP Academic, 2018], 245-51; Sylvia C. Keesmaat and Brian J. Walsh, *Romans Disarmed* [Grand Rapids: Brazos, 2019], 375-379 を参照。彼らの提案は、Robert Jewett, *Romans* [Minneapolis: Fortress Press, 2007], 526-528 の提案と似ているが、まったく同じというわけではない。)

　ローマ人への手紙 8 章 28 節についてよくなされる二つの仮定に異議を唱えることから検討を始めましょう。

　第一に、「すべてのこと」はこの文の主語でしょうか？　幾つかの章の中でも、特に神に焦点を当てているこの章において、「すべてのこと」それ自体が、その内側にエネルギーを持った、自分で動くような存在でしょうか？

　そうではありません。実際は、「神」こそが主語である可能性のほうがはるかに高いと考えます。古い写本の中には、このことを明確に示すために「神」を意味する ho theos ［ギリシア語において、定冠詞と名詞「神」の組み合わせ］を加えているものもあります。直前の節の主語は「人間の心

を探る方」であり、神ご自身です。御霊は 27 節の二つ目の文の主語です（「なぜなら、御霊は神のみこころにしたがって、聖徒たちのためにとりなしてくださるからです」）。しかし、この二つ目の文は、27 節の主文（中心的に取り上げられているのは「人間の心を探る方」、すなわち神ご自身）の従属節に当たります。ですから、「神」を主語とする文が続くという特徴が 28 節まで続いている、と考えるのが最も自然な流れです。

　28 節でも、二度にわたって「彼」（「彼を愛する者たち」と「彼の計画にしたがって」）というかたちで神に言及しています。このことを通して、「神」を参照してこの文を構成するのが前提であることが示されています。そして、直後の 29 節と 30 節の主語は、明らかに「神」です。

　ただし、26 節の主語であり、27 節の後半でも言及されている「御霊」が 28 節の主語であって、「すべてのこと」や「神」は主語ではないと論じる人もいます。しかし、ほとんどの学者はこのような読みの可能性は低いと考えています。

　第二に、さらに重要なことですが、28 節は、神が、神を愛する者の益のためにすべてのことを働かせる、とほんとうに語っているのでしょうか？　この読み方は、欽定訳や他の訳が提案している「一般的な」読みです。そして、「『すべてのことが』ともに働いて益となる」と訳すことができますし、「すべてのことをともに働かせて益とするのは『神』である」と訳すこともできますし、「御霊」を主語として理解することもできます。

　欽定訳は、「すべてのこと」を 28 節の主語と捉え、「神を愛する者たちには、すべてのことがともに働いて益となる」と訳しています。NIV の翻訳は、「神」を主語とし、「彼を愛する人々」をここでの受益者と考えています。つまり、「すべてのことにおいて、神は彼を愛す

る者たちの益のために働く」と訳しているのです。私もこの考え方を私の個人訳で踏襲しています(*The New Testament for Everyone / The Kingdom New Testament*)。つまり「神は神を愛する者たちのために、すべてのことをともに働かせて益とする」と訳しています。

　この訳の抱える問題は、「だれかの益のために働く」という意味が、この文の主動詞にはないという点です。この動詞は、「だれかとともに働く」という意味です。「働く」という一般的な語 ergazomai は、ここで用いられていません。むしろ、synergeo、すなわち「ともに働く」という語が用いられています。この語の語頭にある syn は、「ともに」という意味です。それに続く erg の部分は「働く」を意味しています。

　パウロは別の二つの箇所でこの語を用いています。コリント人への手紙第一 16 章 16 節では、自分や全教会と協力する「同労者」について語っています。コリント人への手紙第二 6 章 1 節では、直前の箇所(使節を通して行動する君主のように、使徒を通して働かれる神について)をまとめて、彼(使徒)は神と「ともに働いている」と述べています。

　つまりパウロはここで、「今、働いている神」について語っており、神は、この世界に対して行いたいと願っていることを民とともに働いて行う、と語っているのではないでしょうか。神が単独で働くのではありません。神は人を通して働くのです。この理解は、聖書神学の観点からは、当然のことです。創世記 1 章や詩篇 8 篇に描かれている神のかたちを担った人間に与えられた召命に言及しているのです。

　同じ語根から派生した名詞の synergos のほうが、その動詞形よりも一般的に用いられています。パウロは、自分の同僚、すなわち自分とともに働く人々を指す場合にこの語を用いており、11 回登場します。この語を用いて自分たち、すなわち使徒は、神の同僚であり、神とともに働いていると述べるのです。この点が重要です。神は、神を愛す

る者たちとともに、彼らを通して究極的な善に向かってすべてのことを働かせるのです。

　「御霊」が主語であると考えたとしても、同様の意味に至ることができます。ロバート・ジュエットは自身の注解書でそのように提案しています。NEB と REB も同じ理解をしているようで、「すべてのことにおいて〈御霊〉は神を愛する者たちと善のために協力する」と訳しています。

　しかし私は、NEB の脚注にある提案のほうがより適切であると考えます。その脚注では、「神ご自身が、神を愛する者たちと善のために協力する」と訳され、ヤコブおよびキースマアトとウォルシュの提案により近い翻訳です。また、RSV の翻訳である「神は、すべてのことにおいて、神を愛する者たちとともに善のために働く」は、先の提案を予見しているものです。

　NIV の脚注にある別訳の二つ目は、「あらゆることにおいて、神は、よいことをもたらすために、神を愛する者たちとともに働く」と訳しています。16 節、26 節、そして 27 節にあるように、聖霊とは、信じる者たちの中で働いている方です。そして、「聖霊」と「信じる者たち」の連係によって生み出されたチームが、父なる神とともに働いているのです。26 節に述べられている、ことばにならない嘆きが嘆かれるまさにそのとき、父なる神と聖霊なる神はともに働き、聖霊によって捕らえられた信じる者たちも、この「不思議」としか表現できない、生き生きとした父なる神と聖霊なる神の交流に加えられているのです。

　ですから、ローマ人への手紙 8 章 28 節で綴られている励ましと慰めは、ストア派の言う諦めのようなものではありません。パウロが他の箇所でも述べている、真理を認めることへの招きです。つまり、神が

自分たちの内で働いておられることを知って、懸命に働くことへの招きです。その働きは、特にメシアとともに苦しむことを通してなされていきます。人が苦しむことを通して、メシアの持つ「神のかたちを担う」人の「栄光」（8・17、29）を共有するためです。パウロはここで信じる者たちのことを、「神を愛する人たち」と呼んでいますが、彼はここで心と心の交流、それも直前にパウロが述べた、ことばにならないほどの深い嘆きによる交流を映していると考えられます。

この節の最後の句（「神の計画にしたがって召された人々」）は、これらの人々のための神の計画・目的（神が彼らに最終的な救いを与える）についてではなく、これらの人々を通してなされる神の計画・目的について述べているように思えます。神は彼らを召して、苦しみに満ちた世界を救う神ご自身の計画に参与させるのです。この時点で、人々は自分の嘆きを語ることばを持っていないかもしれません。それでもなお、癒やし、教え、貧民救済、支援運動、慰めなど、彼らにはなすべき働きがあります。これらの働きは、嘆くことから生み出されるのです。「なぜですか？」という問いに答えられないかもしれませんが、アンティオキアの教会のように、「何をすべきですか？」という問いへの答えはかいま見ることができます。「だれが危険にさらされているのか？　何ができるのか？　だれを遣わそうか？」と考えるからです。

皮肉にも、幾つかの伝統では、簡単にこの逆のことをしてしまいます。つまり、「何をすべきですか？」と考えることは、人間の「わざ」を加えることであって、恵みと信仰における妥協になる、と恐れるからです。そのため、聖霊でさえ不明瞭なことしか語れないとパウロが主張するような状況でさえも、すぐにことばを加え、「なぜなのですか？」という問いへの答えを説明しようとするのです。

パウロは、キリスト教版ストア主義を提案しているのではありませ

ん。彼が描いているのは、イエスのかたちをした、苦しみによって贖いをもたらす神の摂理です。この摂理において、神の民は単なる見学者ではなく、また受益者でもありません。むしろ、能動的に関わる参加者です。神の民は、「神の計画にしたがって召され」ました。今なお神は、世界の痛みの中心において、神の民の嘆きを用いています。彼らの嘆きを聖霊の働きの運び手とするのです。つまり、この嘆きが、その悲しみを父なる神の前に持ち出すことによって、癒やしと希望をもたらすさまざまな働きのための文脈を造り出すのです。ですから、神を愛する者たちは、御子の姿にしたがってかたち造られている存在です。そして、神の正義と慈しみの込められた、十字架のかたちをした姿、言い換えるならば、契約と被造物の両者への神の忠実さが、涙と苦労、嘆きと労苦のうちに世界に明示されるのです。

　これこそが、今の時代に生きる私たちの召命です。

5
ここからどこへ向かったらよいのか？

なぜ私たちは嘆かねばならないのか？

　キリスト者はこのパンデミックに対して、まずどのようなかたちで応答するべきでしょうか？　私は、嘆きこそがキリスト者のなすべき最初の応答であると主張してきました。詩篇のおよそ三分の一は、本来あるべきでない状況についての嘆きで占められています。不平のことば、つまり、問い、悲しみ、怒り、不満、そして苦々しいことばが多く使われています。イエス自身にとっての祈祷書は詩篇であり、そこには嘆きが多く含まれています。さらに新約聖書は、これらの嘆きの詩を自由に用いて、私たちの嘆きのみならず、イエスの歩まれた道を表現しています。

　主の祈りは、私たちの「基準」です。私たちが求めているのは、突然の終わりを告げるしるしでしょうか？　いいえ。むしろ毎日の祈りは、「天にあるように、地にあなたの王国が来ますように」です。そして、イエスについて知っている私たちは、この祈りが答えられることも知っています。では、私たちが求めているのは、即座の悔い改めを迫る招きでしょうか？　そうではありません。毎日祈っているのは、「私たちに罪を犯す者を私たちが赦すように、私たちの罪を赦してください」です。そして、イエスについて知っている私たちは、この祈りが答えられることも知っています。

　それでは、私たちが求めているのは、自分の居心地よい生活を後に

して、隣人に福音を伝えたいと思える新たな理由でしょうか？　しかし、もしパンデミックが起こってはじめてそう考えるとしたら、じつに恥ずかしいかぎりです。そうするようにとのイエスの命令ですでに充分ではないでしょうか？　「父がわたしを遣わされたように、わたしもあなたがたを遣わします」「あなたがたは行って、あらゆる国の人々を弟子としなさい」とあります。アテネに出かけたパウロが分かっていたように、追加のしるしがさらに与えられる必要はありません。しるしが多くあれば多くあるほど、どんどん無意味になるのはよくあることです。

　あなたに必要なのは、イエスです。つまり、王国をもたらすイエスの生涯と死と復活です。昇天されたイエスに与えられた主権です。栄光に満ちた最終的な更新によって、天と地を一つにするために来臨するという約束です。このイエスの物語に何かしら新しい「しるし」を加えようとするのは、その約束を減衰させることです。その行為は、イエスが語ったたとえ話を暗示させます。つまり、ぶどう園の農夫、その所有者が、何人かの使者を送るという手を尽くした後、自分の独り息子を送ったところ、拒絶され、殺される目に遭ったという話です。

　今は、深刻な危機が訪れ、家庭や店舗に死が忍び込んでいる時です。自分は健康だと思っている人が、実際には無自覚のうちにウイルスに感染しているかもしれません。通りを歩く知らない人が皆、脅威に思えるかもしれません。マスクをして歩き回らざるを得ないかもしれません。教会が閉鎖され、枕元で祈ってくれる人がいないまま、死に瀕（ひん）している人がいるかもしれません。

　このようなときこそ、嘆くのです。簡単単純な答えなど持っていないことを認め、嘆くのです。主張したいことが以前からあって、この危機を機会にそれを訴えたいと考えるかもしれませんが、それを拒否

して嘆くのです。友人の墓の前で泣きながら嘆くのです。ことばにならない御霊のうめき声とともに嘆くのです。パウロは、「喜んでいる者たちとともに喜び、泣いている者たちとともに泣きなさい」と語っています。確かに、今、世界は泣いています。教会はまずへりくだって、悲しむ者たちの間に自分の身を置くように招かれているのです。

　つまるところ、悲嘆は愛に含まれています。悲しむことをせず、嘆くこともしないのは、愛が生み出される心の奥底にある場所の扉をバタンと閉めることです。私たちの文化は悲嘆を恐れています。それは死への恐れではありません。死を恐れるのは自然で正常なことです。最後の敵である死に対するふさわしい対応です。しかし、私たちの文化が悲嘆を恐れるのは、恐れそのものを恐れているからではないでしょうか。何かを悲しみと呼んでしまうだけで、たちまち永遠の崩壊に直面するのではとおびえるのです。
　私たちは自分たちに、「前進し続けよ、強くあれ」と言い続けなければなりません。そうです。強くありましょう。ただし、友人の墓で泣いたイエスのようにです。強くありましょう。イエスを死者の中から復活させ、私たちの死ぬべき体にいのちをもたらす聖霊のように。そして、この聖霊はまさに今、ことばにさえならないうめきをもって私たちに懇願しています。強くありましょう。詩篇を祈ることを学ぶ人のように。強くありましょう。忍耐強く主を待ち望むことを学び、この世界に対して簡単な答えや簡単な言葉を語らない人のように。

　　私は自分の魂に言った、静まれ、闇の寄せ来るにまかせよ。
　　……私は自分の魂に言った、静まれ、望むことなく待て。
　　望むことは悪しきを望むこと。愛することなく待て。

愛することは悪しきを愛すること。もう一つ、信があるが

信も愛も望みも、すべて待つことのうちにあるもの。

思うことなく待て、きみにはまだ思念の構えができていないのだから。

思うことなく待てば、暗黒はやがて光に、静止は舞踏に変わるはず。

……きみの知らぬものに到着するために

きみは無知の道なる道を行かねばならぬ……（岩崎宗治訳 岩波文庫）

詩人Ｔ・Ｓ・エリオットは、『四つの四重奏』の第二作目、ロンドンの空がドイツ軍機で暗くおおわれたときに書いた「イースト・コーカー」でこのように考えを巡らしています。そして、厳しい状況の中にあるときにたどり着く安易な慰めは、どれも妄想のようなものだということに気づいたのです。私たちは安易な慰めに飛びつきます。たぶん、神はすぐにそれを与えてくれるだろうと望みつつ飛びつくのです。そうすれば、私たちは暗闇に直面する必要がないからです。そうすれば、ゲツセマネにおけるイエスとともに「目を覚まして祈る」必要もないからです。

私たちには、自制する時があり、断食する時があり、捕囚の中にあると実感する時があり、見放されていると感じる時があります。慣れ親しんだものが、突然、非日常となる時です。急いで判断すべきでない時です。人生においてそうであるように、祈りにおいても即効性のある解決につい手を出してしまいがちです。嘆くようにと召されて生きるのはつらく、苦しみのあまり悶えるでしょう。それは、聖霊のうめきを共有することです。しかし、まさにそこにおいて、私たちは御子イエスのかたちに合致していくのです。

いかに神について語ったらよいのか？

　私がここまで論じてきたことは、イエスご自身と聖霊の両者を考え合わせてはじめて、神がご自身の世界を「支配している」ことの意味を真に理解し、知ることになるということでした。イエスは、ご自身の召命と関わらせて神の王国を再定義しました。その召命のクライマックスは、ご自身の十字架、それも「聖書に書いてあるとおりに、私たちの罪のため」（第一コリント 15:3）の十字架でした。

　イエスは、イスラエルの物語全体が、世界を救う創造者の目的の中心にあり、そのストーリーが、聖金曜日の孤独な苦悩という一点に集約されていると理解していました。イエス自身がその暗闇に入っていき、その重みを背負わねばならなかったのです。イエスがそうしたのは、いにしえからの約束、すなわちイスラエルの神自らが帰還し、究極的な過越を成し遂げる約束が、そのようなかたちで成就すると信じていたからです。こうして宇宙的な暗闇の力を打倒し、死と死を引き起こすあらゆるものから世界を救うのです。

　この召命に生きつつ、それを信じているイエスの歩みは創世記に描かれている人間の召命、すなわちこの世界に神の目的を反映することと完全に一致していました。人間が罪を犯したときであっても、神は創造の際に立ち上げた計画における人間の召命に関する部分を取り消したりしませんでした。神は、一つの家族をある召命のために招きました。他の家族と同じく、欠落した点があるのを充分に承知しながら、贖いと新しい創造という働きのパートナーとするためです。イスラエルと呼ばれるこの家族、すなわちアブラハムの民、モーセの民、ダビデの民は、イエスとともに自分たちに課せられた運命に到達しました。

つまり、友人の墓で泣き、ゲツセマネで苦悶し、「自分は見捨てられた」と十字架上で叫んだイエスとともに、到達したのです。このようにして、神の王国が確立されました。

　神の支配の一貫した特徴は、山上の説教に見いだすことができます。「使徒の働き」おいて、イエスの弟子たちが出かけて行って、「イエスは世界のまことの主である」と告げ知らせたときにも、神の支配の一貫した特徴を見いだすことができます。現代の合理主義者（そこに現代のキリスト教的合理主義者も含まれる）は、合理主義的な懐疑論は合理主義的な弁証法によって答えるべきだという思考法で育っているため、世界の問題は、戦車を送り、爆弾を落として解決すべきだとすぐに考えます。それこそが、欧米の列強が政治的レベルで幾度となく行ってきたことですし、一部の弁証家たちが知的レベルでしようとしていることです。「神は主権者だ。自分の願うとおりに何でもできる。だから、何かが起こったなら、それは神が願ったからだ。だから私たちは、なぜそのことが起こったのかの説明ができるはずだ」と。

　しかし、神がご自身の王国を打ち立てたのは、そのような仕方ではありません。さらに神の王国は、今そのように機能していません。エルサレムに援助を送ったアンティオキア教会のことを、もう一度考えてみてください。

　つまるところ、実際、数多くのことが神に悲嘆をもたらします。神にショックを与えます。神の摂理はイエスの姿をとっています。すなわち、強い支配力をもって何かをするのではなく、すべてのものを執拗に支配するのでもありません。創世記6章6節を見てください。人間の悪を見たとき神は、「私がこのことを許可したのは、この悪を通して何かを行おうと計画したからだ」とは言いませんでした。「主は……

心を痛められた」とあります。この点は、ヘブライ語のテキストを見ると明確です。ただし、後のユダヤ人の思想家たちは、この点に悩んでいたようです。七十人訳という旧約聖書のギリシア語訳（紀元前２世紀頃）を見ると、「主は……考え直した」と訳しています。

　どちらにしても、悲痛な心で神はノアを召しました。そして、彼を通して災害を乗り切る道を開かれたのです。ただし、創世記６章６節が神について語っていることは、マルコの福音書14章34節がイエスについて語っていることと明確に結びついています。「わたしは悲しみのあまり死ぬほどです」（詩篇42篇と43篇の引用。この二つは古典的な嘆きの歌）。ヨハネの福音書を見ても、イエスは同様のことを語っています。「今わたしの心は騒いでいる」（12・27、詩篇6篇の引用）。

　イエスには、自分の上に押し寄せてくる死と絶望の洪水が見えたのです。ノアと違って、イエスに箱舟はありませんでした。それでもなおイエスは、神の被造物全体を伴って死の洪水を通り抜けて、イースターの朝の夜明けを迎える新しい創造へと入るのです。

　同じように明らかに、あることが神にショックを与えました。イスラエルの民は、人間のいけにえを献げてはならないと幾度も告げられていました。それでも、密かにそれを行ったのみならず、そのために特別な「高いところ」を設けました。それに対して神は、「これは、わたしが命じたこともなく、思いつきもしなかったことだ」（エレミヤ7・31。32・35でも繰り返し言及）と応答しました。ヘブライ語のテキストを見ると、両者とも「心」という語が用いられています。神はこのようなことを意図していたわけではなく、夢にも思っていなかったのです。

　これはもちろん、パラドックスです。それを最も明確に見ることができるのは、ペテロが群衆に向かって語った「使徒の働き」2章23節

です。イエスの死は、神が意図し計画したものだと語りつつ、他方で、イエスを逮捕し、裁判にかけ、殺した人々は邪悪だとも言っています。このパラドックスを回避することはできませんし、その方法を見つけようとする必要もありません。すっきりした、分かりやすいメカニズム解析などありません。

悪とは、神の創造物に侵入してきた存在です。悪とは何か、なぜ悪が許されるのか、神は悪をもって何をなそうとするのかを問い、それを分析しようとする試みは、風をビンに詰めこもうとするようなものであるばかりか、「悪」にうまくおさまる場所を与え、そのことを許容する宇宙の秩序を想定するようなものです。もちろん、神が罪人たちのために、イエスの死を通して悪を克服したという明確で強力な宣言は、これとは別です。

「悪にふさわしい場所がある」という考え方には、危険が潜んでいます。神のよい被造物を語りつつ、「悪」にも存在可能な「当然の場所」があると考えるからです。いにしえの哲学者たちが思索した「悪の問題」への「解決」の道は、十字架の足元以外にありません。このことは、政治家たちが生み出す「悪の問題」（たとえば、9・11後、ジョージ・W・ブッシュとトニー・ブレアが、対処すべき「悪の枢軸」が存在すると誇らしげに語って生み出されたものなど）が、物事を進める上でつねに危険な方法であることからも類推できます。

ブッシュとブレアは、彼らの直面している「悪の問題」を解決するには、高所から爆弾を落とすべきだと考えました。当時、ある人たちが予測したように、彼らの落とした爆弾の一つひとつが、過激なイスラム教の極端な組織に人を誘う手段となってしまいました。

ある人々が提案する「悪」についての合理的分析にも、同様のことが言えます（たとえば、「神がホロコーストを許されたのは、それを通して

英雄主義や自己犠牲などの美徳を育む機会を与えるためだった」とか、ひょっとすると「神がホロコーストを許されたのは、現代のイスラエル国家が興されるためだ」など）。このような思想はより多くの人を、過激な、新しい形態の無神論に誘うでしょう。

「悪」についてのこうした合理的分析が描く神の姿は、じつに暗く、不穏なものです。この神は、危険なウイルスを中国の研究所や市場から拡散することを故意に許し、何百万もの罪のない人々を殺すことで、残りの人々に広く悔い改めを迫り、一部の人々（医者や看護師）のうちに英雄主義を育てる舞台を設定したことになります。もしそのような「神」を私たちが思い描くなら、同時代人の多くは、「あなたの『神』がそんな存在であるなら、そんな神と関わりたくない」と考えるのはもっともでしょう。

では、つまるところ、より適切な応答とはどのようなものでしょうか。それは、神はご自身の世界の多方面での運営を人間に委託している、と認めることです。人間に委託しているからこそ、神は人間によってご自分の心が悲嘆に暮れたり、ショックで呆然とさせられたりする危険を冒すのです。ただし、そうなったとき、神は人間に責任を負わせます。ここに、ご自身のかたちを担う者たちに神が権威を委譲することのもう一つの側面を見いだします。イエスはポンティウス・ピラトに、イエス自身に対する神から委託された真の権威があると認めていました。そこでイエスは、神はイエスを引き渡した者たちに責任を問うと語ったのです（ヨハネ19・11）。

ですから、ウイルスが漏出したあらゆる原因を適切に調査し、そのことの説明責任を求める必要があります。また、その重要さほどでないにしても、さまざまな国や政府が、パンデミックが突然来襲したときにどう備え、どう賢明に対処したかについても調査し、その説明責任

を果たしてもらうことも必要なことです。

　このように考えると、次の問いに突き当たります。この問題とともに生きるとは、どういうことだろうか？　どのようにしたら、この問題を乗り越えることができるだろうか？　このような状況の真ん中に置かれた教会に与えられている召命は、嘆くこと以外に何があるだろうか？

今をどのように生きたらよいのか？

　教会の宣教は（ヨハネの福音書 20 章によると）、最近の私たちに非常に身近な三つのこと、涙、鍵のかかった扉、疑いから始まりました。

　最初のイースターの日、マグダラのマリアは空になったイエスの墓の外で泣いていました（ヨハネ 20·1-18）。驚いたことに、イエスは彼女と会い、彼女に語りかけ、任務を与えました。隠れている弟子たちのところに行って、「イエスは生きていて、今や世界の主として王座に着かれた」と告げよ、と。

　その日の夕方、弟子たちはまだ隠れていました。扉には鍵がかけられていました（ヨハネ 20·19-23）。彼らは、イエスを追いつめた者たちが、間もなく自分たちの後を追いかけてくるだろうと恐れていたのです。ところが、鍵のかかった扉は、イエスを妨げることができませんでした。イエスは来て、彼らの傍らに立ちました。彼らとともに食事をしました。彼らに宣教の使命を与えました。「父がわたしを遣わされたように、わたしもあなたがたを遣わします」。これはどういう意味でしょうか？簡潔にまとめると、イスラエルに対する使命がイエスに与えられたように、世界に対する使命が教会に与えられている、ということです。

　翌週、弟子たちは同じ部屋に集まっていました。またもや扉に鍵をかけていました。イエスと最初に出会った 1 週間前、トマスはそこに

いませんでした。ですからトマスは、イエスが現れて、本当にそれが
イエスであると証明できるまで自分は決して信じない、と皆にずっと
語っていました（ヨハネ20・24-29）。イエスは再び来られました。そし
てトマスに、イエスの手と脇腹にある傷に触れ、見るようにと勧めま
した。それは、イエスの正体を証明する傷、その愛を明らかにする傷
でした。

　涙、鍵のかかった扉、疑いは、一つにつながっているようです。こ
れらは、同じことを語るために用いられた異なった方法なのです。こ
れらの三つを合わせて考えるなら、今、私がこの本を書いている時点
において、私たちがどこにいるのかを世界的な視点から見事にまとめ
ることができます。涙が溢れています。当然です。多くの人のいのち
が奪われたのですから。扉には鍵がかかっています。まさにそうです。
恐怖は、危害を受けるかもしれない特定の人たちだけが感じているの
ではありません。もっと大きく、もっと漠然とした恐怖です。つまり、
路上の見知らぬ人から、その本人も気づかぬうちに、１週間以内にい
のちが奪われかねない病が自分にうつされるかもしれないという恐怖
です。また、自分もだれかに感染させるかもしれないという恐怖です。
　だから、扉に鍵をかけるのです。そして、涙を流し、扉に鍵をかけ
るあいだに、疑いが雑草のように芽生えてきます。「いったい何が起こ
っているのか？　信仰や希望を抱く余地はあるのか？　ほんのわずか
な人以外に会えないとしたら、愛を働かせる余地はあるのだろうか？」。
これらは、困難かつ喫緊の問いです。

　これらの問いに、教会は的確に答えるべきではないでしょうか。こ
とばでのみならず（いずれにしろ、あまり聞いてもらえないでしょうが）、
シンボルとして答えるのです。

　最初期の弟子たちは、自分たちが、涙、恐怖、疑いの中にいたとき

にイエスが会いに来られたと気づいたとしたら、私たちも、今、イエスが会いに来られることに気づけるのではないでしょうか。

しかし、どのようにしてイエスは会いに来られるのでしょうか?

とりわけ考えておきたいのは、イエスにイスラエルのための使命があったように、教会にも世界のための使命があるとはどういう意味か、です。

すでに見てきましたが、ヨハネの福音書にはイエスの行っていたしるしが幾つか示されています。これらのしるしは、地震や飢饉、疫病や洪水のようなものではありませんでした。人々を服従させ、信じさせるために脅したり、あるいは、身震いするほどの世界の終わりへの警告を与えるものでもありませんでした。イエスが行ったのは、新しいいのち、新しい創造のしるしでした。ありふれたところに神が来て、それを類いまれなものに変えるしるしでした。

神は、病んだ世界に癒やしをもたらすために来ました。飢えた者たちにパンを与えました。目の見えない人を見えるようにしました。死んだ人にいのちをもたらしました。これらは、世界に新しい春が訪れたことを示すしるしでした。すなわち、新しい始まりです。

ロックダウンされた二階座敷で、涙を流し、恐れを抱き、疑っている弟子たちにイエスは、自分が行ったのと同じことをするように命じました。

そして、彼らはそのとおりにしました。最初からそうしたのです。パウロは、自分が書いた最初の手紙で、ガラテヤの人々に、「すべての人に、特に信仰の家族に善を行いましょう」(6・10)と伝えています〔ライトは、パウロの最初の手紙はガラテヤ人への手紙だと考えている〕。

世間は、イエスの弟子たちが行ったことを疑いの目で見たでしょう。すでに見てきたように、疫病に直面したとき初期のキリスト者たちは、

人々を助け、看護しました。いのちを救うこともありましたし、自らいのちを犠牲にすることもありました。墓の向こう側にあるいのちという神の約束を強く信じていたので、恐れることなく、死に直面しながらも明るさを失うことがありませんでした。そして、病への恐れのために家族や共同体から捨てられ、苦しんでいる人々を助けに出かけることができたのです。

　このことは、ロドニー・スタークの有名な著書『キリスト教とローマ帝国』(新教出版社 邦訳2014) の第4章に明示されています。スタークは、初期の数世紀に起こった疫病の大感染の中でのキリスト者たちの行動が、彼らの信仰の拡大に大きく寄与したことを説得力をもって主張しています。スタークをはじめ彼に続く学者たちが集めた証拠は、皇帝マルクス・アウレリウスのいのちを奪った紀元170年代と紀元250年代の疫病のときのものです（どのような病気だったかはっきりしません。天然痘や麻疹が類推されています。無防備の人々を襲うなら、どちらも多くのいのちを奪います）。

　コンスタンティヌスのもとでローマ帝国が正式にキリスト教化した後、4世紀後半に皇帝ユリウスは、帝国をもう一度異教に戻そうとしました。そのような彼が、キリスト者は一般の非キリスト者より、病人の看護や貧しい人々への配慮に長けていると不平を漏らしています。ユリウスは、たとえるなら、馬が逃げ出した後に厩舎の扉に鍵をかけようとしたのです。イエスがイスラエルに対して行ってきたことを、キリスト者は世界に対して行っていたのです。そこで世間の人々は気づきました。新しい何かが始まっていると。

　キリスト者のこの伝統は、ずっと引き継がれていきました。今ある病院やホスピスを建てたのはクリスチャンたちです。エリートの世界以外に住んでいる人々への教育を最初に提供したのも、イエスの弟子

たちでした。貧しい人の世話をしたのも彼らでした。このような働き
はかつて求められていましたし、現代でも求められています。医学に
関してはどうでしょうか。主要な伝染病の感染拡大が小康状態になっ
たのは、ごく最近ことです。細菌が特定され、その働きが理解され、
ワクチンによる予防接種や他の予防策が一般的になったからです。

　ですから、イエスの時代からつい1、2世紀前まで、疫病は繰り返
し流行し、しばしば悲惨な状況を生み出してきました。自分たちは今
や「現代世界」に住んでいるのでそれは当てはまらない、自分たちに
疫病は襲いかかってこない、科学と技術が生み出した「進歩」で、こ
のような事態はすべて消えてしまった、と私たちが考えているとした
ら、それは明らかな間違いです。それでは、神の王国に向かって西洋
社会は順調に進んでいると考えた19世紀末の人々と何ら変わりません。

　教会の歴史をたどると、イエスの弟子たちは19世紀末の人々のよう
な道筋で物事を考えませんでした。むしろ、アンティオキアの教会の
ように、囚人を訪ね、負傷者を看病し、見知らぬ人を歓迎し、飢えた
人に食事を与え、病人を世話する働きを進めてきました。現在に至る
までどんな時代でも、昼夜を問わず、良いときも悪いときも、黒死病
のときも腺ペストのときも、戦争のときも平和のときも、都市のスラ
ム街でも、孤立した農村でも、彼らはほとんどそうしてきました。聖
職者も信徒もリスクを負い、命の危険を冒してまでそうしてきました。
助けの必要な人々に直面し、主ご自身に会いたいという強い思いで（マ
タイの福音書25章に倣って）これらのことをしてきたのです。

　今回のパンデミックが始まったとき、マルティン・ルターの著作の
一節がインターネット上で話題になりました。ルターがいつもそうであ
るように、地に足着いた知恵と実践的な敬虔が組み合わされた文章で
す。ルターは1520年代から30年代にかけて、ヴィッテンベルクやそ

れ以外の地域で幾つかの疫病に直面しました。そのようなとき、彼は教会や市民の指導者に手紙を書き、幾つかのことを伝えました。「説教者や牧師は自分の職に留まるべきである。よい羊飼いとして、自分の羊のために自分のいのちを捨てる覚悟をするべきである。市民や家庭の指導者も同様に、疫病から逃げる場合には、後に残される人々の安全のために適切な準備を必ずしなければならない」。

　このようにルターは、500年前に、そのときのみならず今日においても的を射たアドバイスを提供しています。ルターは、疫病は神からの使者かもしれないと考えていました。ただし、そこでとるべき正しいアプローチは、実践的、かつ信仰的でなければならないとも言っていました。彼は、次のように語っています。

　神の許しのもとに、敵は私たちのあいだに毒と致命的な糞尿（ふんにょう）を送ってきました。だから私は神に、どうか恵み深くいてくださって、私たちを守ってください、と祈ります。そして、空気を浄化するために燻蒸（くんじょう）消毒をし、薬を人に与え、自分でも服用し、自分が必要とされていない場所や人を避けます。自分を傷つけることがないようにするためです。さらに、自分の不注意によって他の人が感染し、炎症を起こすことがないように、自分がだれかの死の原因になることがないようにします。神が私の命を取りたいと願われるのならば、神は私の命を取るでしょう。私は少なくとも、神が私に備えられたことをしました。ですから、自分の死にも他者の死にも責任はありません。しかし、隣人が私を必要としているのなら、私はどのような人も避けませんし、どのような場所も避けません。むしろ、自由にその人を訪ね、助けます。[2]

このことばの核心に、厳しい状況を映した知恵を見つけることができます。ルターは、自分の住む地域に疫病が襲ってきたとき、逃げるのではなく、留まって助けるのがキリスト者にとって「普通」の行動であると明らかに信じていました。しかも、細菌やウイルスの作用がどのようなものか理解する前の時代にあって、善意の人が事態を悪化させる可能性があることも知っていました。

今日、私たちはこのことをよく知っています。自分が感染していると知らずに、COVID-19 ウイルスを他者に感染させてしまうかもしれません。ですから、一見英雄的に思える行動がことを悪化させるかもしれない状況にあるとき、イエスの弟子たちの行動は他の人々の行動と違って見えます。自分のいのちを失うリスクがあったとしても危険な場所に行き、そこで人々を助けるようにという、イエスからの召命に自然に従う傾向があるからです。英雄でありたい、「正しいことをしたい」という犠牲を惜しまない一途さが災いをもたらす場合があるので、明かな英雄主義を抑制する努力においても、犠牲を惜しまないことが必要です。

しかし、このことが何もしないことの言い訳になってはなりません。嘆きから、新しい行動が生まれなければなりません。少なくとも聖職者は（適切な訓練と権限を得て、保護服を着る必要がありますが）、病人や息を引き取るかもしれない人への付き添いが許されねばなりません。宗教と無関係の医師たちが、ときに聖職者の働きを余分なものと考えたりする場合もあります。そのときには、あらゆるレベルで異議申し立てがなされなければなりません。

この２、３世紀のあいだに、人々に癒やしと希望をもたらすという

---

(2) Luther: *Letters of Spiritual Counsel*, ed. T. G. Tappert [London:SCM Press, 1955], 242, from a letter of 1527。

教会に与えられた長期的使命が、世俗の世界でも共有されてきています。このことはじつに神に感謝すべきです。ですから、私たちは医療関係者と協力して、充分に円熟した人道的アプローチを確実に行うようにしなければなりません。特に、臨終に近い方に対して、こうした協力がなされるべきです。過去50年間のホスピス運動は、大部分がキリスト者によって導入されたものであり、民間の資金で運用されてきました。そしてこの運動は、宗教と無関係の医学が、ときに無視してしまう希望を証ししています。

ですからイエスに従う人たちには、涙をもって、そして鍵のかかった扉の向こうから、自らの疑いや世界の疑いに立ち向かうことによって、神の王国のためのしるしを生み出す者となる召命が与えられています。私たちは、イエスがしるしを通して行ったように、ことばのみでなく行動とシンボルを通して新しい創造を語る道しるべを立てるのです。すなわち、病人を癒やし、飢えた者に食物を与えたりすることなどを通してそうするのです。フードバンクを運営したり、ホームレスのための保護施設で働いたり、刑務所にいる親戚を訪ねる人たちを支援するボランティアなどをします。これらの働きはやりがいのある仕事ですが、よく似た他の働きと同様、じつに多くが求められます。ですから、マリアやトマスや二階座敷にいた弟子たちと同様に、私たちにも、イエスの生ける臨在とイエスの御霊の力ある息吹が必要です。そして、これらは与えられると約束されています。

この召命に従う私たちは、ヨハネの福音書16章でイエスが弟子たちに語ったことを行います。聖霊の力によって、世界にその責任を問うのです。イエスの弟子たちは、ローマ帝国の役人たちと異なった方法で世界を運営することができることを示しました。同様に、今日の教会のメンバーのなす、創造的で、癒やしをもたらし、回復を与える働

きは、神の王国のしるしを現します。置かれた状況や備えられている機会はさまざまです。

ただし、新しい可能性は、神の民が嘆くことから開かれ、生まれます。今日のイエスの弟子として、世界の痛みの真ん中で祈りのうちに嘆くとき、新しい召命が浮かび上がるでしょう。すなわち、癒やしと知恵という召しと、何がなされるべきかの見本を権力者たちに示す、という召しです。

　イギリスのような大規模な国民健康保険制度が導入されている国なら、国家が「健康」を管理するので、教会は「霊的」なものに戻って、人々に祈ることを教え、いかに「天国」へ行けるかを示すことに専念せよ、という考え方が当然のごとく広がる傾向にあります。18世紀以来、「世俗的」世界は、イエスの弟子たちが行ってきた多くのことを引き継いでいるのは自分たちである、今やそれを行っているのは自分たちであると、一生懸命主張しています。教会も多くの場合、その流れに乗ってしまい、「この世」をプラトン主義的に拒否するほうへ横滑りし、逃避主義的な「伝道」と「霊性」を提供するのに留まっています。しかし、政府からの財源が削減され、健康保険制度がなすべき体をなせなくなったとき、教会こそが抗議の声を上げ、介入し、援助を提供すべきです。

　ところが、そうでない場合が多いのです。私たち教会は、どのような社会制度や企業より、医療の仕事についての長期間にわたる業績を持っています。もし思いがけずに、教会にそんなことはできない、そんなことをしてはならない、医療は「専門家」に任せよと言われたら、教会が教会であることは不可能だ、教会は教会であってはならない、と言われたのと同じようなものです。いちばん分かっているのは自分たちだ、と語る人が教会の外に多くいて（科学に基づく助言も、戸惑うく

らい多様ですが）、彼らは教会が健康問題に関わることを願っていません。しかし、私たち教会は、自分たちがじつに有利な立場に立っていることに恐れを抱いてはなりません。これは、聖霊の力によって世界にその責任を問うという教会の働きの一部なのです。

　だからこそ、感染拡大の中で教会堂を閉鎖し、それぞれの自宅からインターネットを介した礼拝を持つべきではないかという論争が、今起こっています。そこでは、二つのまったく異なる点について述べる必要があります（これは、キリスト教神学でしばしばあることですが）。そして、両者に耳を傾ける必要があります。

　まず教会堂は、この世界から逃れる場所ではありません。世界への橋頭堡です。「聖域（聖なるスペース）」についての適切な神学に立てば、公の礼拝に用いられる建造物は、神の栄光が全被造物を満たす時を前もって指し示すしるしと見なされるべきです。（この主張については、自著『聖書の解釈』（*Interpreting Scripture*［2020、18章 邦訳未刊]）でさらに展開しています）。私たちはいつも教会堂で生ける主を礼拝しているのですが、今やそのお方はそこから外に出て、あちこちに行き、教会の敷地の領域をはるかに超えたところで、癒やしと希望をもたらしているのです。ですから私たちは、このことをあらゆる仕方で祝うべきです。

　詩人マルコム・ギテは、この点を見事にとらえています。彼は、教会堂が閉鎖された今年のイースターについて、そして、最近のイギリスでなされたことですが、木曜日の夜に人々が自宅の外に出て、勇敢な医療関係者に拍手を送るという新しいアイデアについて思いをめぐらしています。詩の全体をここに引用する許可をいただいたマルコムに心から感謝します。

「イースター 2020」

　　イエスはどこにおられるのか

　　　　じつに捕らえがたいこのイースターの日に？
　　閉鎖したわれらの教会で行く場を失ったのでもなく
　　暗き墓場に封印されているわけでもない
　　鍵は解かれ　石は転がされ
　　彼は起き上がり、よみがえったのだ　はるか以前に
　　生きておられる　力強く歩んでおられる
　　自らのいのちをかけて救った　この世界の中を
　　空っぽの墓に捜し求める必要はないのだ

　　彼は今日、祭司たちの手の中の聖餅であったのだろうか
　　それとも　赤いガウンを着た聖歌隊の唇が歌う音楽か
　　むしろ彼はリネンの帯を解き　教会から遠く抜け出した
　　看護師と一緒に看護用エプロンをつけ
　　ストレッチャーをつかみ、引き上げ、
　　死にゆく人の弱々しい肉体を　優しい手でなで、希望を与え
　　息苦しい人に呼吸を、それに耐える力を、彼らに与えた

　　木曜日にわれらは拍手を送った、彼が来られたから
　　千もの名前と顔をもってわれらに仕えた方
　　われらの病室の床にモップをかけ　コロナの痕跡を拭き取った
　　それは、彼にとって死を意味した
　　聖金曜日は、千もの場所で起こった
　　そこで、なすすべのない者をイエスは抱き、彼らとともに死んだ
　　それこそ、それを必要とする人とイースターを分かち合うために
　　今や彼らは、彼とともによみがえった　じつによみがえったのだ

　ここには、マルコム・ギテの作品のすべてに見られる深い知恵を見いだすことができます。イエスは、ご自分の働きを前進させるために会堂を必要としません。「パンデミックの中、神はどこにいるのか？」という問いへの答えには、「神は最前線にいて、癒やしと希望をもたらすために苦しまれ、死につつある」ということが含まれています。

　ただし、もう一つ指摘しなければならないことがあります。私の国のように、だれにでも理解できる理由で会堂（シナゴーグやモスクを含むあらゆる礼拝所も）が閉鎖された国では、意図せずして間違ったシグナルを広い世界に送ってしまう危険性があるということです。

　過去300年間、西洋世界は「宗教」という言葉を私的領域に関わるものとみなしてきました（「宗教」という言葉自体の意味が、時代の新しい視点に合わせて意味を変えてきました）。そして、宗教とは「だれかが一人でやっていること」と理解してきたのです。キリスト教信仰全体が、世間一般の公共的な意識の実感として、「私的」な運動に縮小されてしまいました。その結果、公共の場は宗教の占める場所がないと多くの人が言うようになったのです。

　ですから多くの人が、その角にある混雑した小さな酒屋で自由に買い物はできても、通りを渡った向こうにある、長年多くの人の祈りが浸みこんだ古い礼拝堂に行って座ることはできない、と考えるのです。礼拝は、世間一般の人たちから見えなくなりました。教会堂を閉鎖することは、このような西洋世界の考え方を肯定する印象を人々に与えることでしょう。そこであなたの知り合いに、「私たちは、ともに集まる礼拝を一時的にやめて、牧師の家の居間から同時配信される礼拝に一緒に参加しています」と話したら、どう受け止められるでしょうか。教会とは、同じような思いをもった個人の集まりであって、謎めいた個人的趣味を追求しているにすぎないという一般的な理解に、私たち

も同意していると見なされるかもしれません。

「e-礼拝」（インターネット礼拝）の持つ危険性は「P-礼拝」、すなわち、「自分一人だけになって、かのものひとりだけをめざしてのがれゆく」[プロティノスの言葉。田中美知太郎訳「善なるもの一なるもの」]という、プラトン主義（P）の理想像を追い求めるものとなってしまうかもしれません。このような方向へ進むべきだ、という文化的圧力がすでに存在しています。ですから、プラトン主義に陥る危険性を認識しておく必要があります。

幸いなことに、これまで教会堂に行ったことなどなかった多くの人が、仮想現実（バーチャル・リアリティ）の世界にある「教会に行く」兆しが見えます。じつに心躍る展開です。ただし、私たちの教会は何世紀にもわたって、身体的にも聴覚的にも、街の大通りや広場、村の緑地や郊外の新興住宅地で、西欧の近代化が締め出そうとしてきた、人生を活気づける次元を思い起こさせる存在でした。今の時期の私たちは、強制的に「捕囚」（いまは捕囚としか言いようがない状況です）とされた中で、疑いなく多くのことを学ぶでしょう。しかし私たちのなすべきことは、教会堂がこの社会の中で、当初から意図されたとおりの機能を果たす日がやってくるようにと祈り続けることです。

言い方を換えれば、私が懸念することは、大きな危機に直面しているこのとき、教会のあり方が、世俗化した世界の流れにおとなしく従っているかに見える点です。新しい創造のしるしは、イエスがミニストリーを始めて以来、癒やしをもたらすイエス自身の臨在、そしてとりわけその死と復活にあります。三位一体の神を公共の場で礼拝することは（もちろん、適切な安全対策を遵守する必要はありますが）、その礼拝を目にする世界にシグナルを送る重要な役割を果たしてきました。

パウロがピリピに住む人々に、「いつも主にあって喜びなさい」（ピリピ4·4）と言ったとき、その意味は、「心の底からとても幸せな気分にな

94

る」というものだけではありません。むしろ、街角に出て行って（もちろん、適切に安全な距離〈ディスタンス〉をとって）、お祝いしなさいという意味も含まれています。というのも、他の多くの人もそのようにしていたからです。パウロの時代の公共の場では、さまざまな人々が、礼拝に伴う行列、道端での祝宴、宗教的儀式をたくさん行っていました。そしてだれもが、そこで何が起こっているのかを見ることができました。

　パウロは、イエスの弟子たちも同じようにして欲しいと願っていました。聖書において「喜び」ということばは、あなたが聞くことのできる何かを指し示しています。時代は離れていますが、ネヘミヤ記12章43節を確認してください。

　私自身、ここまで述べてきた二つの異なる観点の間に挟まれています。両者とも正しいように思えます。責任を果たしつつ、細心の注意を払うべきことは充分に分かっています。キリスト者である自分たちは疫病から自動的に守られる、または、「教会の中にいたら安全だ、悪魔はそこに入ることができない」と信じているからと（テレビでだれかがそう言うのを聞きました）、安全のための規則を無視する人々がいます。彼らは敬虔のように見えますが、実際は間違っています。彼らのような人のことを聞くたびに、私は愕然（がくぜん）とします。（ちなみに、主教である私が語るのでぜひとも信じて欲しいのですが、悪魔は、どうやって教会堂に侵入できるか、だれもが知っているようによく知っています）。

　このような迷信のせいで、キリスト教信仰の評判は悪くなります。同様に、教会堂を閉鎖すべきかどうかという議論は、少なくとも論争をすぐに引き起こします。自らの霊性の大切な部分を、教会堂とそれに付随するさまざまなものが占めている人がいる一方、どこでも神を礼拝することができるのだから教会堂など重要でないと考える人もい

ます。双方がともに、今回の危機から学ぶことがあるでしょう。そして、両者にとっての賢い選択は、お互いのために愛をもって祈ることです。

　このような祈りへの答えは、多くの人がすでに気づいているように、今のこのときを捕囚の期間であると認識することかもしれません。私たちは「バビロンの川のほとり」にいるのです。まったく混乱しています。普通の生活が失われてしまい、嘆いています。「どうして私たちが異国の地で主の歌を歌えるだろうか」と詩篇137篇は語っています。このことばは次のように訳し直せるでしょう。「コンピュータの前に座って、聖餐の喜びを味わえるだろうか」。あるいは、「兄弟姉妹とともに集うことができなくて、昇天日や聖霊降臨日を祝うことなどできるだろうか」と。

　もちろん、詩篇137篇の主張の一つは、この詩そのものが「主の歌」であることです。ここには、詩を書くことができないことを詩に書くというアイロニーが描かれてます。嘆くということの霊的修練に、嘆きそのものを悲しみの歌に変えることが含まれているかもしれません。たぶんそれは、今ここで私たちが嘆く民であるための召しの一部であるかもしれません。つまり、普通に願っている仕方で嘆くことができない事実を嘆くのです。これらの問いを探求する必要があります。そして、どのようなかたちであれ、そこで求められるだろう新しい霊的修練も探求する必要があります。たぶん、このような探求への要求さえ、バビロンでの生活の一部として自然に受け入れられるべきなのでしょう。

　エレミヤが告げたように、私たちは自分の置かれた体制に腰を落ちつけ、どこにいようと、「その町の平安を求め」［エレミヤ20・7］なければなりません。ただし、自分たちがそれを望んでいたかのように振るまってはなりません。私たちが望んでいるエルサレムを忘れないようにしましょう。ずっとここに留まる決心はしないようにしましょう。

　教会（そして、ユダヤ教の指導者や思想家のような他のグループも）は、
自分たちが何を語ることができ、何を語るべきなのか、そして、どの
ように語れば、西洋世界の指導者たちが私たちの言葉を聞き、賢明に
行動するようになるのかを、この場所で緊急に考え抜き、祈り抜かね
ばなりません。本書の最終節ではこの点に取り組みます。

私たちはどのように回復に向かったらよいのか？

　最も重要な課題として、教会と国家とすべての関係機関の上層部の
人々が真剣に話し合うべき最重要事項は、「新しい生活様式」がどのよ
うなものであれ、どのようにそこに向かったらよいか、という問いで
しょう。コロナウイルスを巡る出来事がすべて終息したとき、この社
会はより優しく、より穏やかになるという、感心するような希望を表
明している人がいます——看護師の給与をもっと上げよう。健康保険制
度を支える税金をもっと払うよう備えよう。ホスピスの働きのために
もっと支援を提供しよう。多くの自動車や飛行機で汚染されていない、
新鮮な空気をもっと楽しめる場で過ごそう。そうすれば、移動時間も
減らせるし、家族や隣人と過ごす時間をもっと持つことができるだろ
う。救急サービス、配送業者、そして私たちを見守ってくれたすべて
の人々を祝福しよう。

　そうなればよいのに、と心から願っています。しかし、規制が解除
されたらたちまち、できるかぎり多くのビジネスを再開しようとする
動きが出てくるでしょう。そして、これはあらゆる面で正しく、適切
なことです。破産を避けようと必死になっている人はだれもが、それ
が役立つかぎり、自動車や飛行機の使用を考え直そうとはしないでし
ょう。ロックダウンが与えた経済的影響はすでに壊滅的であり、さら

悪化する可能性があると、さまざまな人々が語っています。戦争中に指導者が直面する悲劇的な決定に似ているのが、この問題です。ロンドン大空襲中のチャーチル首相のことを考えてみてください。この部隊を救うためにあの部隊を犠牲にするかどうか、敵国がこれらの公共施設でなく、あれらの家を攻撃するよう暗号でメッセージを送るかどうかなどを決めなければならなかったのです。

　今、私がこの文章を書いている時点で私たちの関心が集中しているのは、「危険にさらされないでいる」ことです。しかし、その結果、破産、失業、社会停滞といった大きな代価を払うのです。経済的必要のある人に給付された政府からの巨額な手当は、遅かれ早かれ、だれかがそのつけを払わねばなりません。死こそ最悪の結果だと考える人と、経済破綻こそ最悪の結果だと考える人のあいだで議論がされたとしても、まったくかみ合わず、互いに言いたいことだけ語って終わりになるでしょう。

　古代の異教社会と同じく、疫病が起こったときに人々はこう語るでしょう。「どの神々が怒っているのだろうか？　どうすれば彼らを宥（なだ）めることができるだろうか？」。今日の世俗主義に、じつは隠された異教的特徴があることが、これまでより明らかになってきています。興味深いことに現在の私たちのジレンマも、癒やしの神アスクレーピオス［ギリシャ神話の神。WHO の杖のマークはそこに由来］と、金（かね）の神マモンとの衝突と考えることができます。

　もちろん、マモンはつねに人間のいけにえを要求してきます。だからなのか、今日の医療における緊急事態の中で、最もリスクにさらされているのは最貧困層です。もちろん、戦争の神マースとエロティックな愛の女神アフロディーテはそれほど離れていないところにいます

が、アスクレーピオスに出番があるのは決して悪いことではありません。たとえ私たちのお気に入りの神マモンが、「もっと人間のいけにえを楽しみにしている」とあちら側から呼ぶ声が聞こえてきたとしても、アスクレーピオスは癒やしのための緊急処置を削減しないでしょう。

　これらのことがみな純粋に実利的に、つまり機械的になされたならどうなるでしょうか。いのちある人間のよさを充分に生かした相互関係を賢く用いるより、国家機構であるかのように機械的になされたらどうでしょうか。何が起こるかは目に見えています。弱者が再び窮地に陥ります。いつもそうです。

　2008年のリーマンショックによる金融危機の後、銀行や大企業は巨額の公的救済資金を受け入れることができ、すぐにいつもの勢いに戻ることができました。ところがイギリスの最貧地域はより貧しくなり、現在もそのままです。だからこそ、だれかが立ち上がって詩篇72篇を読む必要があります（もちろん、問題行動停止を通告するためではないですが）。この詩は、優先事項のリストです。教会は、この内容が最重要課題だと語ることに留まるだけではなく、実際的な提案においても、これを最重要課題とするよう明示し続けるべきです。

　　神よ　あなたのさばきを王に
　　あなたの義を王の子に与えてください……
　　山も丘も　義によって
　　民に平和をもたらしますように。
　　王が　民の苦しむ者たちを弁護し
　　貧しい者の子らを救い
　　虐げる者どもを打ち砕きますように。
　　……それは　王が　叫び求める貧しい者や

助ける人のない苦しむ者を救い出すからです。

王は　弱い者や貧しい者をあわれみ

貧しい者たちのいのちを救います。

虐げと暴虐から

王は彼らのいのちを贖います。

王の目には　彼らの血は尊いのです。（詩篇72・1-4、12-14）

この詩の内容は、希望的観測にすぎないと嘲笑されるかもしれません。しかし、教会はその最盛期にこの詩の内容をいつも信じてきましたし、教えてきました。また、最前線に置かれた教会が、これらをいつも実践してきました。教会の最初期のころ、ローマ皇帝や地方の統治者たちは、キリスト教とは何であるのかをほとんど知りませんでした。しかし、彼らにとってなじみのない活動をする人の中に「司教」と呼ばれる人がいて、彼らは貧しい人の必要について絶えず訴え続けていたことだけは知っていました。現代の人々が、教会に対して同様の印象を持つようになったらいいと思いませんか？

この世界において、詩篇72篇はどのような意味を持つでしょうか？ロックダウンはちょっとした迷惑にすぎないと感じている人から、難民キャンプや第三世界の都市に住んでいて「社会的距離」をとるのは、月旅行より難しい人までいます。だからこそ、世界規模で考え、身近な地域で行動する際、世界中の教会の指導者たちと協力し、悪魔がしんがりをつとめて法外な利益をむさぼろうと忙しく働くのを防げる政策を見つける必要があります。

もちろん、そのようなことをしつつ、世界保健機構（WHO）を強化し、世界のすべての国が、WHOの政策と議定書をしっかり守るよう主張することも大切です。現在の危機を自らのスタンドプレーや他の政治

的駆け引きに利用する世界の超大国に対し、大いに疑ってかかる必要もあるでしょう。デマや中傷、フェイクニュースを流すサイトも休みなく活動し続けています。

　これらのことをみな踏まえたうえで、「嘆き」のテーマに戻りましょう。貧しく、困窮している者を第一と考えることがメシアに求められている点は、詩篇72篇に示されていますが、その直後に73篇が続くのは、決して偶然ではありません。73篇は、富んでいる権力者がいつものように彼らのやり方で好きなようにしているという不平を述べています。ですからたぶん、次のことが私たちのなすべき道ではないでしょうか。すなわち、あるべき姿をかいま見つつ、現実と格闘するのです。

　いずれにせよ、今日のような現実を生きるために必要なのは、そのことについて祈ることです。ヴィジョンと現実をすり合わせつつ、聖霊が私たちのうちでうめいているように、私たちが全被造物のうめきとともにうめく中で、そこから新しい創造が産まれてくるでしょう〔ローマ8・22〕。

　今、何よりも求められているのは、かつてエジプトでヨセフがファラオの宮廷で行ったように、困難に満ちたこのような状況を分析し、その課題に対処するヴィジョンを描くことです。私たちが緊急に必要としているのは、政治にふさわしい知恵に満ちたリーダーシップです。そして、祈り深いキリスト者の指導者たちが他の人々と協力して、ヴィジョンとリアリズムの両者を保持しつつ、来たるべき月日に直面する課題を考え抜くことです。そうすることで、近い将来、真の新しい可能性のしるし、すなわち古いシステムを再生し、新しい、より優れたシステムを考案するような新しい働き方のしるしを目にすることになるかもしれません。そのとき、新しい創造の兆しを前もって知らせ

てくれるしるしを目にすることができるかもしれません。あるいは、これまでと変わらない「いつもどおりのビジネス」、昔ながらの言い争いのような、古くさい浅はかな分析と解決策に戻ってしまうのかもしれませんが。

教会堂が閉鎖されたから、ゴルフクラブが閉ざされたから、ビジネスが中断させられたからといって、ただ座って様子を見、手をこまねいているだけなら、これまでつねに支配してきた力が再び支配し始めることでしょう。マモンはじつに力のある神です。私たちのリーダーたちは、マモンを宥めるにはどうしたらいいかよく知っています。もしマモンを宥めることに失敗すれば、マース、つまり戦争の神の出番です。どうか主が、私たちをマースの魔手から救い出してくださいますように。この闇の力から逃れるために、それがどんなに危険であるかに注意を払いつつ、積極的に、祈りをもって他の可能な手段に率先して取り組まねばなりません。庭に花々を植えるほうが、雑草の生える可能性は低くなるからです。

本書での私の役目は、教会の指導者はもちろん他の信仰共同体の指導者に、これから数か月のあいだどのような計画を立てたらよいか、政府にどのようなプレッシャーをかけるべきかを述べることではありません。私の言えることは、私たちが教会や国家の指導者をしっかりと見守り、彼らが何をするかを待ちつつ、彼らのために祈ることによって、この嘆きの時を祈りと希望の時とすべきだということです。

そして、私たちが望んでいるのは、かつてのエジプトにおけるヨセフが実践したような賢明なリーダーシップとイニシアティブによって、大きく広がりつつも傷ついている神の世界全体に、斬新でありつつ、そこを癒やしていく政策と行動がもたらされることです。

どうか あなたの光とまことを送り
それらが私を導くようにしてください。
あなたの聖なる山　あなたの住まいへと
それらが私を連れて行きますように。
こうして　私は神の祭壇に
私の最も喜びとする神のみもとに行き
竪琴に合わせて　あなたをほめたたえます。
神よ　私の神よ。

わがたましいよ
なぜ　おまえはうなだれているのか。
なぜ　私のうちで思い乱れているのか。
神を待ち望め。
私はなおも神をほめたたえる。
私の救い　私の神を。（詩篇 43·3-5）

訳者あとがき

　2020 年は特別な年になってしまいました。

　1 月に中国武漢市で報告された新型コロナウイルス感染症（COVID-19）が日本においても確認されて以来、この 9 か月近くのあいだ、日本国内はもとより世界中であらゆる人がパンデミックの意味や「新しい生活様式」について、さまざまな議論を展開しています。当然、キリスト教界においても数多くの人がこの課題を取り上げ、さまざまな本が全世界で緊急出版され、YouTube や ZOOM、ポッドキャストなどで、パンデミックをテーマとした講演会やセミナーが繰り返し開かれています。

　本書もこのパンデミックを契機に生まれてきた書籍の一つです。原著、*God and the Pandemic: A Christian Reflection on the Coronavirus and its Aftermath* (London: SPCK, 2020) は、その著者 N・T・ライト氏が序文において語っているように、『タイム』誌に掲載された記事を元に、6 月始めに出版されたものです。ライト氏の経歴についての詳細は他の邦訳書のものに譲りますが、現代の英語圏を代表する新約聖書学者であるとともに、教会という視座をもってさまざまな課題に向き合っている神学者の一人であることだけ強調しておきたいと思います。

　訳者は、本書で展開されているライト氏の主張については、出版以前からポッドキャスト等でその概要を知っていました。そして、6 月の出版時にすぐ Kindle 版で購入し、2 日で読み上げました。

　本書は、これまでさまざまな著書や講演で展開している聖書神学的

な視点からパンデミックの現実に向き合った良書であり、ライト氏の神学の入門書にもなり得る内容です。たとえば、彼が他の著書でも展開している、現代のエピクロス主義批判、ストーリーという概念を用いた聖書理解、神の王国の到来を十字架と結びつけて理解することの重要性の主張、祈りの三位一体論的理解、新しい創造に基づく視座、神のかたちとしての人間と共に働かれる神などが、適切かつ簡潔に綴られています。

　逆に言うと、ライト氏の著作に慣れ親しんでいる読者の皆さんには「全く新しい」議論はあまり見当たらないのかもしれません。そのような方には、最近出版された、ライト氏のギルフォード講演集である *History and Eschatology: Jesus and the Promise of Natural Theology* (Waco: Baylor University Press, 2019) をお勧めします。本書で語られている内容のいくつかの部分が、詳細かつ学問的に綴られているからです。

　いろいろな意味で本書の翻訳は、現代の ICT（情報通信技術）の恩恵を大きく受けています。訳者は Kindle で原書を読み、自動翻訳の助けを借りて下訳を作り、辞書にない英語表現は、google 検索で意味を推定し、編集者とお会いしたのは ZOOM 上でした。そんな「新しい生活様式」がいっきに広がった 2020 年にふさわしい翻訳プロセスではなかったかと思っています。この７月中旬には、奉職する関西聖書神学校の新校舎に引っ越しし、ネットワーク環境が強固なものになったことも翻訳の最終段階の大きな助けでした。これらの技術も、神の恵みであると思っています。

　最後に、本書の編集をしてくださったあめんどうの小渕春夫氏、小渕氏に私をご紹介くださった中村佐知氏に心から感謝します。いつものことではありますが、妻かをりに感謝をします。そして、このパン

デミックによって予想外の影響を受け、その中でも学ぼうと苦闘して
いる多くの大学生たち、特に私たちの2人の子ども、ゆかりと慈人の
うえに、神の恵みが豊かにあることを祈ってやみません。

2020年9月
新しく建築された校舎の一角　校長室にて
鎌野直人

著者 N・T・ライト（トム・ライト）

英国のセント・アンドリュース大学新約学および初期キリスト教学研究教授、及びウィクリフ・ホール（オックスフォード）上席研究員。リッチフィールド主席司祭、ウースター・カレッジ（オックスフォード）特別研究員、チャプレン、ウェストミンスター・カノン神学者他を歴任。前ダラム主教（2003-10）。

80冊以上の著作がある。その中に *The Resurrection of the Son of God* (2003), *Scripture and the Authority of God* (2005), *The Day the Revolution Began* (2016), *Paul: A Biography* (2018), *The New Testament in its World* (with Michael F. Bird, 2019) がある。邦訳は『新約聖書と神の民』（上・下 2015、2018）、『クリスチャンであるとは』（2015）、『使徒パウロは何を語ったのか』（2017）、『シンプリー・ジーザス』（2017）、『驚くべき希望』（2018）、『悪と神の正義』（2018）、『イエスの挑戦』（2018）、『シンプリー・グッドニュース』（2020）。

訳者 鎌野直人

関西聖書神学校校長、日本イエス・キリスト教団姫路城北教会牧師、AGST/J Th.D. 課程主任。著作に *Character and Cosmology: Qoheleth's Pedagogy from a Rhetorical Critical Perspective* (2002)、『神の大能の力の働き』（2020）、『聖書六十六巻を貫く一つの物語』（2021）、訳書に W・ブルッゲマン『預言者の想像力』（2014）、N・T・ライト『イエスの挑戦』（2018、監訳）などがある。

神とパンデミック
コロナウィルスとその影響についての考察

2020年11月20日　第1刷発行
2021年6月20日　第2刷発行

著　者　N・T・ライト
訳　者　鎌　野　直　人
発行者　小　渕　春　夫
発行所　有限会社 あめんどう

〒101-0062 東京都千代田区神田駿河台2-1 OCC
www.amen-do.com

電話 03-3293-3603　FAX 03-3293-3605

装　丁　秋　山　桃

© 2020 Naoto Kamano
ISBN978-4-900677-38-8
2021 Printed in Japan

あめんどうの本

21世紀のキリスト教神学をリードするN・T・ライトの著作

シンプリー・グッドニュース
なぜ福音は「よい知らせ」なのか　　山﨑ランサム和彦訳 定価2,300円+税

キリスト教のメッセージは、イエスを信じれば死んだ後に地獄から救われ、天国に行けることだろうか？ もしそれが聖書の教えでないとすれば？ イエスの伝えたグッドニュース（福音）は、もっとスケールの大きな、もっと素晴らしいものだとしたら？ 欧米のキリスト教界にセンセーションを巻き起こした神学者が、福音は私たちの将来と現在を大きく変える使信であることを明らかにする。

驚 く べ き 希 望
天国、復活、教会の使命を再考する　　　　中村佐知訳 定価2,900円+税

天国、地獄、煉獄、復活、再臨、さばき、新天新地、そして信仰者の使命。長いあいだの論争に挑み、イエスの時代の死生観、世界観を現代によみがえらせる。聖書の元々の教えは体を伴う復活にあり、その先駆けとしてイエスが復活した。それこそが希望なのだ。さらに、将来実現する新しい世界の創造という驚くべき展望を探求する。欧米で最も話題となったライトの代表作。

シンプリー・ジーザス
何を伝え、何を行い、何をなし遂げたか　　山口希生・秀生訳 定価2,750円+税

イエスとは何者か？ 空想の産物か？ 人間の心の奥の願いが投影されたものにすぎないのか？ 飢えた大衆を黙らせる方便なのか？ 軟弱な宗教を教え、人類から活力を奪ってしまうものなのか？本書はそれらに「ノー」と応え、本当のイエスとは私たちが考えるよりもっと大きな、心をかき立てる力強い存在であり、歴史的に確かに実在し、世界を変えた人物であることを明らかにする。

クリスチャンであるとは
N・T・ライトによるキリスト教入門　　　　上沼昌雄訳 定価2,500円+税

人間の飽くなき四つ渇望、すなわち世界における正義の実現、スピリチュアルなことへの渇き、人間関係の充実さへの願い、美へのあくなき憧れ。それらは、創造主との関係が不可分であることを説き、混乱した世界に解決をもたらそうとする聖書の世界を解説する。イエスに従う生活と深くつながる神の壮大な計画の実現への希望をも示す。現代で最も影響力のある神学者のベストセラー。